Maxim Gorski

Gebrauchsanweisung für Deutschland

Lieber Herr Stöppler,

auch für Referats-leiter sind Gebrauchs-anweisungen durch-aus nützlich.

Herzlichst

Ihr Wolf Biermann

*Maxim Gorski*

# Gebrauchsanweisung für Deutschland

*Mit elf Zeichnungen von Heinz Birg*

*Piper*
*München Zürich*

Außerdem liegen vor:

Gebrauchsanweisung für Ägypten von Wolfgang Koydl
Gebrauchsanweisung für Amerika von Paul Watzlawick
Gebrauchsanweisung für China von Uli Franz
Gebrauchsanweisung für England von Heinz Ohff
Gebrauchsanweisung für Finnland von Claus Haar
Gebrauchsanweisung für Frankreich von Klaus-Peter Schmid
Gebrauchsanweisung für Griechenland von Martin Pristl
Gebrauchsanweisung für Hongkong und Macao von Gerhard Dambmann
Gebrauchsanweisung für Irland von Ralf Sotscheck
Gebrauchsanweisung für Israel von Martin Wagner
Gebrauchsanweisung für Japan von Gerhard Dambmann
Gebrauchsanweisung für New York von Natalie John
Gebrauchsanweisung für Schottland von Heinz Ohff
Gebrauchsanweisung für die Schweiz von Thomas Küng
Gebrauchsanweisung für die Türkei von Barbara Yurtdaş

ISBN 3-492-04982-6

Gesetzt aus der Bembo-Antiqua
Gesamtherstellung: Clausen & Bosse, Leck
Printed in Germany

# *Inhalt*

## *Immer im Weg, immer auf dem Weg*

Über Deutschland muß man förmlich stolpern. Allein schon geographisch kommt man – zumindest als Europäer – schlechterdings an ihm nicht vorbei, liegt es doch dick und rund mitten auf dem Kontinent. Wer auf dem Landweg von Moskau nach Paris, von Rom nach Stockholm oder von Amsterdam nach Budapest reisen will, der kommt um Deutschland und die Deutschen buchstäblich nicht herum. Deutschland liegt immer auf dem Weg.

Kein zweites Land in Europa grenzt an so viele Nachbarstaaten – größere und kleinere, ärmere und reichere, romanische, germanische und slawische. Sie alle werden – ob sie es nun wollen oder nicht – mehr oder weniger stark von Deutschland beeinflußt: wirtschaftlich sowieso, politisch wieder nachhaltiger als früher, aber auch kulturell (obschon das traditionell meist eine Straße in zwei Richtungen war).

Außerdem ist es ja nicht so, daß sich die Deutschen verschämt daheim verstecken würden. Ich denke dabei weniger an jene beiden Gelegenheiten in diesem Jahrhundert, als sie ungefragt bei ihren europäischen Nachbarn eindrangen und dort einen unauslöschlichen Eindruck hinterließen. Ich denke vielmehr an die friedlichen deutschen Invasionen der Nachkriegszeit, nämlich an ihre Reiselust (irgendwie scheint bei diesen Germanen noch ein Gen aus den Zeiten der Völkerwanderung aktiv zu sein). Ob zum Tanken nach Luxemburg, zum Schlemmen ins Elsaß, zum Shopping nach Polen oder zum Urlaub überall hin – die Deutschen sind immer unterwegs. Das geht so weit, daß bestimmte deutsche Regionen deshalb als bevorzugte Wohnorte gelten, weil man von dort schnell ins Ausland kommt.

Unter diesen Umständen ist es um so erstaunlicher, wie wenig die Deutschen bei ihren näheren und ferneren Nachbarn wirklich bekannt sind. Man nennt sie *krauts* und *moffen, boches* und *Piefkes* oder seinerzeit bei uns in Rußland *frizi*. Das alles war und ist nicht gerade liebevoll gemeint, sondern spiegelt – leider oft gerechtfertigte – Vorurteile wider. Zugegeben, Deutschland und die Deutschen gehören nicht zu jenen Ländern und Völkern, die auf den ersten Blick sympathisch sind. Dafür sind sie zu kompliziert, zu widersprüchlich und auch zu spröde. Aber ist Liebe auf den zweiten, dritten oder gar vierten Blick nicht meist dauerhafter?

Leute mit dünnen Beinchen und dünnen Seelchen – so pflegte man die Deutschen bei uns einst halb mitleidig, halb spöttisch zu charakterisieren. Als Menschen, die unerhört kleinkariert und engstirnig sind, also quasi – um einen technischen Vergleich zu wagen – die deutsche Schmalspurbahn im Gegensatz zur extrabreiten russischen Spurweite. Ich kann Ihnen jedoch versichern, daß ich in Deutschland auch Menschen mit recht stämmigen Beinen getroffen habe.

Eine *Gebrauchsanweisung* für eine derart vertrackte Apparatur wie Deutschland ist deshalb einerseits notwendig, andererseits scheint sie ein Ding der Unmög-

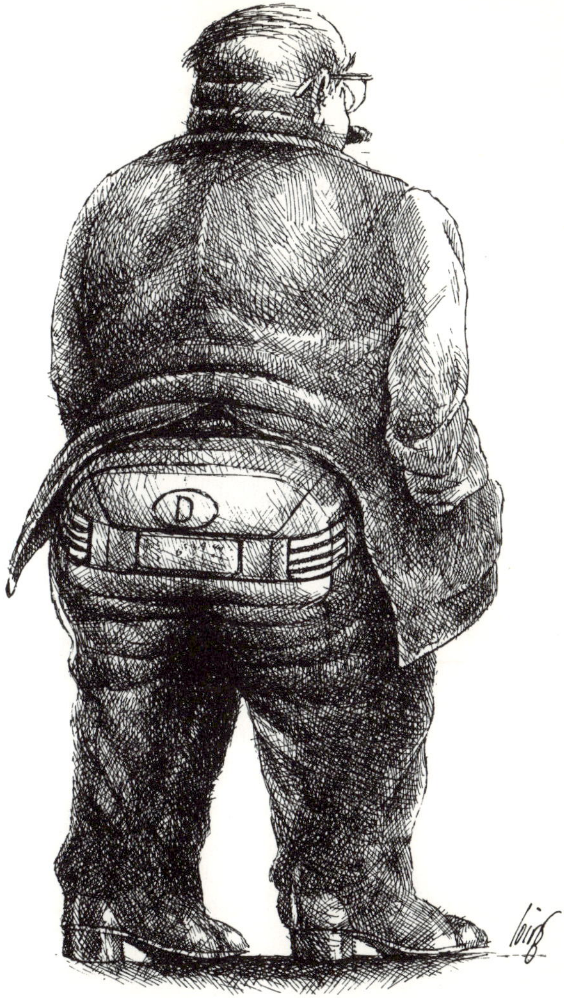

lichkeit zu sein. Denn Deutschland und Deutsche sind nicht immer, nicht überall und nicht gegenüber jedermann immer gleich. Zudem neigen die Deutschen bei all ihrer Liebe zur Disziplin, Ordnung und Korrektheit auch zur Sprunghaftigkeit, zur Unberechenbarkeit. Hinter ihrem oft rüden Äußeren verbirgt sich eine butterweiche, abgrundtiefe und blutende, weil immer wieder mißverstandene Seele – und mit wachsweichen Seelen sollten wir Russen uns eigentlich gut auskennen.

Winston Churchill wird der Satz zugesprochen, daß man nie wisse, woran man mit den *bloody Germans* sei: entweder gingen sie einem an die Kehle, oder sie lägen einem zu Füßen – einen gesellschaftlich und international mehr oder minder akzeptierten Mittelweg schienen sie nicht zu kennen. Es ist der typische Ausspruch eines Mannes, der keine *Gebrauchsanweisung für Deutschland* zur Hand hatte.

Eine narrensichere Bedienungsanleitung für die Deutschen kann auch ich Ihnen nicht bieten, eher Hinweise auf den pfleglichen Umgang mit ihnen. Überraschungen – positive wie negative – werden Ihnen auch nach der Lektüre dieses Büchleins nicht erspart bleiben. Aber ein bißchen besser als Churchill sollten Sie für diese unheimliche Begegnung schon gerüstet sein.

## *Reise nach Deutschland: Das Himmelreich ist sauber wie eine Tupperware-Dose*

Sie haben sich also entschlossen, nach Deutschland zu reisen. Herzlichen Glückwunsch zu Ihrem Mut, zu Ihrem Abenteuergeist und zu Ihrer Geduld. All diese Eigenschaften werden Sie brauchen, und Sie können von Glück sagen, daß Erfahrung, Geschichte und vielleicht auch Gene uns Russen damit reichlich ausgestattet haben.

Sobald Sie mit Ihren Reisevorbereitungen begonnen haben, werden Sie nämlich feststellen, daß es offenkundig einfacher ist, ins Himmelreich zu gelangen als nach Berlin, München oder Hamburg. Denn in ersterem Fall genügt ein gottgefälliges Leben, und dies ist augenscheinlich leichter nachzuweisen als die für eine Fahrt nach Deutschland erforderlichen Papiere und Dokumente. Man kann nur hoffen, daß die Tore zum Paradies wirklich vom heiligen Petrus und nicht von deutschen Konsularbeamten bewacht werden. In diesem Fall wäre es nämlich ziemlich leer im Himmel.

Für Deutschland brauchen Sie zunächst einmal ein Visum, und da dies von deutschen Konsulaten ausgestellt wird, empfiehlt es sich, eine Reise nur dann ernsthaft ins Auge zu fassen, wenn Sie in einer Stadt leben, in der es eine solche Einrichtung gibt – also Moskau, St. Petersburg und neuerdings auch Nowosibirsk und Saratow.

Vor das Visum haben die Behörden den *wysow* gesetzt, die Anforderung. Weil das ein bißchen grob klingt, sprechen die Deutschen lieber von einer Einladung. Aber auch die hat es in sich: Sie ist nämlich mit so vielen Bedingungen, Formularen, Stempeln und anderen Voraussetzungen gespickt, daß Sie sich bald wirklich vorkommen werden, wie ein zollpflichtiges Stück Exportgut.

Sie werden vielleicht noch die frommen Wünsche der Deutschen (aber auch der anderen Westeuropäer und der Amerikaner) im Ohr haben, unsere sowjetischen Machthaber sollten ihrem geknechteten Volk Reisefreiheit gewähren. Als dann unser Innenministerium mitsamt seiner Paßbehörde tatsächlich die Türen öffnete, schloß der Westen flugs die seinen. Dort hatte man erkannt, daß wir noch nicht mit goldenen Kreditkarten und dicken Konten gesegnet sind, und nicht so sehr Geld im Westen ausgeben, als dieses vielleicht eher dort verdienen wollten.

Sie brauchen also eine Einladung, und strenggenommen müssen Sie dafür einen Verwandten, einen Freund, eine Behörde, eine Institution oder eine Firma in der Bundesrepublik Deutschland kennen, oder – was wichtiger ist – irgend jemand in Deutschland muß Sie kennen. Denn der Gastgeber (wenn wir bei der irreführend freundlichen Wortwahl bleiben wollen) muß für Sie gleichsam mit Leib und Leben bürgen.

Die Verpflichtungserklärung, die Ihr Freund von seiner heimischen Behörde abstempeln lassen muß, weist in der Tat gewisse Ähnlichkeiten mit jenen Verträgen auf, mit denen sich ein indischer Unberührbarer in Schuldknechtschaft begibt: »Unwiderruflich«, nach

»§ 84 Abs. 1 Ausländergesetz« und »ohne, daß sich die Ausländerbehörde zu irgendeiner Gegenleistung verpflichtet oder eine solche auch nur in Aussicht stellt«, verpflichtet sich der Gastgeber für Sie, Iwan Iwanowitsch, zu sorgen und zu zahlen, in guten und in schlechten Zeiten, bei Gesundheit und Krankheit. Gott sei Dank gilt das nicht, bis daß der Tod Sie scheidet, sondern nur für die Dauer Ihres Aufenthaltes in Deutschland. Und weil der Konsularbeamte anders als der Standesbeamte Ihrem neuen Vormund nicht unbedingt aufs Wort glaubt, daß er Sie sich auch wirklich leisten kann, muß dieser einen Lohnzettel beilegen.

Der Fairneß halber muß gesagt werden, daß diese Einladungen (Sie werden es sich schon gedacht haben) seinerzeit den chronisch mißtrauischen Hirnen unserer Sowjetbürokratie entsprangen. Ihr damaliges Ziel deckt sich heute indes mit den westlichen Interessen: möglichst viele Menschen von einem Besuch abzuschrecken. Das hat allerdings damals ebensowenig funktioniert wie heute, und deshalb gibt es auch heute wieder einen schnelleren, wenngleich etwas teureren Reiseweg: In der Schlange vor dem Konsulat finden Sie hilfsbereite, vielleicht etwas zwielichtig wirkende Landsleute, die Ihnen für ein paar hundert Dollar eine Abkürzung ins Land Ihrer Träume verkaufen. Wir wollen lieber nicht der Frage nachgehen, woher sie die Papiere bekommen. Es geht auch legal und schnell: Gegen einen Aufpreis und bei Buchung einer Pauschalreise erledigt alles ein Reisebüro für Sie.

Welchen Weg Sie auch wählen, früher oder später sind Sie stolzer Besitzer eines deutschen Visums, das allerdings nicht in Ihren Paß gestempelt, sondern mit einem unlösbaren Spezialleim auf eine Seite darin geklebt wird. Auch eine Flug- oder Bahnkarte haben Sie sich besorgt, Sie haben die unverändert hohe Hürde des russischen Zolls genommen, notfalls unter Rückgriff auf ein kleines Bakschisch, und endlich, endlich stehen Sie auf deutschem Boden.

Nun, vielleicht noch nicht ganz. Denn wenn Sie mit »Aeroflot« nach Frankfurt, München oder Berlin geflogen sind, dann werden Sie das Flughafengebäude erst einmal nur als vagen Schemen fern am Horizont wahrnehmen. Deutlicher werden Ihnen die Schützenpanzer ins Auge fallen, und die Uniformierten mit ihren Schäferhunden, welche die am äußersten Rand der Rollbahn geparkte Tupolew umstellt haben.

Keine Sorge, Sie haben keine Zeitreise in die eigene stalinistische Vergangenheit unternommen. Sie dürfen es auch nicht persönlich nehmen, wenn der junge Mann mit dem knurrenden Rüden an der Seite und der Heckler-und-Koch-Maschinenpistole über dem Rücken draußen unter freiem Himmel Ihren Paß kontrolliert. Wir wissen ja, daß die Deutschen nicht nach Ihnen suchen, sondern nach gefährlichen Mafiabossen oder Plutoniumschmugglern – und die will man eben weit weg vom Abfertigungsgebäude abfangen. Wir wissen zwar auch, daß diese Personengruppen auf anderen Wegen nach Deutschland gelangen, aber der Bundesgrenzschutz weiß es offenbar nicht. Weshalb sollten wir diesen diensteifrigen jungen Leuten ihren Spaß verderben?

Sie sehen, ich habe Ihnen nicht zuviel versprochen, als ich Ihnen Mut, Abenteuergeist und Geduld wünschte. Ich kann Ihnen aber versichern, daß Sie nichts mehr davon brauchen werden, sobald Sie die Verteidigungsanlagen überwunden haben und nach Deutschland vorgedrungen sind. Im Gegenteil: Auf den ersten Blick wird Ihnen das Land fast schon langweilig vorkommen, so geordnet, sauber und diszipliniert wirkt alles. Es hat fast den Anschein, als ob die Deutschen alle positiven Vorurteile über sie fleißig gesammelt und penibel in die Realität umgesetzt hätten.

Das beginnt gleich im Flughafen (und wenn Sie auf einem Bahnhof ankommen, sieht es nicht viel anders aus): So, meinen Sie, sollte eigentlich eher eine Klinik aussehen – sauber bis zur Sterilität, ruhig, übersichtlich, geordnet. Immer und überall wird gewienert, gebohnert und geputzt. Am auffälligsten sind vielleicht die kleinen Traktoren gleichenden Putzfahrzeuge, die unaufhaltsam durch die Hallen schnurren.

Hier warten keine lärmenden Massen auf ankommende Freunde und Verwandte, ernst und gemessen bewegen sich die adrett gekleideten Menschen, schließlich sind Ankunft und Abflug, Einchecken und Gepäckausgabe seriöse Verrichtungen. Das Licht ist hell, nicht zu grell und nicht zu gedämpft, und nur den Deutschen scheint es gelungen zu sein, einen Farbton zu finden, der grau und dennoch freundlich ist. Eigentlich kein Wunder, haben sie doch schon nach alter russischer Überzeugung den Affen erfunden. Alle Wege – ob zum Zoll, zum Klo oder zur U-Bahn – sind ausgeschildert, und wer den Pfeilen folgt, der gerät – Wunder über Wunder – tatsächlich an den gewünschten Ort.

Sauber sind die Bahnhöfe und Bahnsteige der U-Bahnen und Vorortzüge, die Sie in die Innenstädte bringen (sogar die aufgesprayten Graffiti könnten aus der Tretjakow-Galerie stammen); sauber sind die Taxis, technisch einwandfrei, regelmäßig gewartet, die Polster duften nach frischem Leder, die Türen schließen mit einem saftigen Schmatzen und klappern nie, und – meist – zahlt man nur den Betrag, der auf dem Taxameter steht, nicht mehr und nicht weniger. Ordnung muß sein. Sauber sind sogar die Straßen, zumal die Autobahnen – sauber und vor allem glatt und eben: Da nirgendwo auch nur das kleinste Schlagloch lauert, werden Sie zunächst den Eindruck haben, der Wagen gleite auf einer Eisfläche dahin. Vermeiden Sie es, einen Blick auf den Tachometer zu werfen. Die von deutschen Autofahrern als normal angesehenen Geschwindigkeiten kennen wir bestenfalls aus Science-fiction-Romanen. Doch dem Phänomen des Autoverkehrs wollen wir uns später ausführlicher widmen.

Wer aus Rußland oder einem anderen osteuropäischen Land kommt, der wird angesichts soviel Sauberkeit in der Tat aus dem Staunen nicht herauskommen. Wie schaffen es diese Deutschen bloß, selbst im Herbst das Laub rasch beiseite zu schaffen? Warum lagern entlang ihrer Straßen nicht einmal im tiefsten Winter ölverschmierte Schnee- und Eisberge? Werden Ampeln und Verkehrszeichen täglich – so möchte man meinen – mit warmem Wasser und Seife abgeschrubbt?

Oder sollte Sachar, der Diener Oblomowos in Iwan Gontscharows gleichnamigem Roman doch recht gehabt haben, als er zu beweisen suchte, daß die Deutschen überhaupt keinen Schmutz machten: »Schauen Sie sie einmal an, wie sie leben! Die ganze Familie nagt die ganze Woche an einem einzigen Knochen. Der Rock geht von der Schulter des Vaters auf den Sohn über und vom Sohn wieder auf den Vater. Wo sollen sie den Mist

hernehmen? Bei ihnen gibts das nicht, daß ganze Haufen von abgetragenen Kleidern jahrelang in den Schränken liegen oder sich im Winter eine ganze Ecke von Brotrinden ansammelt wie bei uns. Sie lassen nicht einmal eine Rinde unnütz herumliegen, sie machen sich daraus Zwieback und essen das zum Bier.«

Oblomow kannte nur die deutschen Mitbürger im heiligen, vorrevolutionären Rußland. Hätte er die heutige Bundesrepublik kennengelernt, dann wäre es auch ihm ergangen wie vielen Fremden, die sich länger in Deutschland aufhalten: Man fühlt sich manchmal wie ein Gefangener in einer Tupperware-Dose: die Wände sind glatt, geruchlos, abwaschbar, hygienisch. Oben drauf sitzt ein Deckel, der die Zelle luftdicht verschließt.

Zuweilen befallen einen dann finstere Gedanken, ob der deutsche Waschzwang einen manisch-depressiven Hintergrund hat, wie etwa bei Lady Macbeth. Das geschieht vor allem dann, wenn man einen Abend lang im Fernsehen nichts anderes gesehen zu haben scheint, als Werbespots für Waschpulver, Putz- und Spülmittel. Geht man nach der Werbung und dem Augenschein, so scheint es für dieses Volk keine schlimmere Katastrophe zu geben als einen Schmutzrand am Hemdenkragen oder einen Kalkfleck in der Badewanne. Es ist ein immerwährendes Ringen, bei dem man sich des Beistandes neomythologischer Helden versichert hat – Meister Proppers und des Weißen Riesen. Eine keineswegs unreinliche russische Landsmännin hat für die deutsche Hausfrau den nicht unpassenden Gattungsbegriff eines »Rambo mit Waschpulver« geprägt.

Als Neuankömmling blühen Ihnen jedoch erst einmal ganz andere Wunder. Sie haben Ihr Gepäck geholt und sich schnurstracks zum nächsten öffentlichen Verkehrsmittel begeben, das Sie in die Innenstadt zu Ihrem Hotel bringen soll. Vergebens haben Sie nach einem Schalter gesucht, wo Ihnen ein Mensch aus Fleisch und Blut eine Fahrkarte verkauft. Hilflos stehen Sie einem Automaten gegenüber, dem Sie nun ein Billet abluchsen müssen. Um es kurz zu machen: Ohne fremde Hilfe werden Sie sich selbst mit fließenden Deutschkenntnissen nicht durch den Dschungel der Tarif- und Zonenregelungen städtischer Nahverkehrsbetriebe schlagen können.

An dieser Stelle ist es wohl an der Zeit, Ihnen eine Maxime mit auf den Weg zu geben, die Ihnen überall in Deutschland Trost und Hilfe sein wird: Die Deutschen mögen sich manchmal nach Ihrem Verständnis aberwitzig, ja verrückt verhalten – aber niemals tun sie etwas ohne Grund beziehungsweise ohne logische Begründung. Vielleicht erschließt dieser sich Ihnen irgendwann, aber das ist eher unwahrscheinlich und schon gar nicht notwendig.

Denken Sie an diese Maxime, wenn Sie vor dem Fahrkartenautomaten stehen und herauszufinden versuchen, in welcher Zone Ihr Fahrziel liegt und für wie viele Zonen Sie lösen müssen und ob Sie lieber eine Einzel- oder eine Mehrfahrtenkarte erwerben. Vergessen Sie den Ratschlag nicht, wenn Sie sich überlegen, was eine Kurzzone ist und ab wann ein Nachttarif gilt. Bleiben Sie ruhig, wenn Sie auszurechnen versuchen, ob und gegebenenfalls wieviel Sie für ein Kind, einen Hund oder ein Fahrrad zusätzlich bezahlen müssen. Trösten Sie sich mit dem Wissen, daß ein Münchner in Hamburg, ein Frankfurter in Berlin genauso perplex vor dem Automaten steht wie Sie. Es kann als gesichert gelten, daß die kryptischen Tarifvorschriften des öffentlichen Nahverkehrs in Deutschland Teil eines bundesweiten Intelligenz-Dauertests sind, mit dessen Hilfe der Technologiestandort Deutschland bewahrt werden soll.

Eines sollten Sie allerdings, insbesondere im süddeutschen Raum, unter keinen Umständen vergessen: Ihren Fahrschein abzustempeln – auch wenn manche Stadtverwaltung dafür den irreführenden Begriff »entwerten« gefunden hat. Dafür stehen »Entwerter« genannte Stechuhren bereit. Auch wenn es Ihrem Sprachverständnis oder Ihrer Logik gegen den Strich geht, glauben Sie es, daß Sie nur mit einem entwerteten, mithin wertlosen Fahrschein die Fahrt antreten dürfen. Sonst könnte es Ihnen ergehen wie jenem amerikanischen Touristen, der ohne Zwischenfall den weiten Weg von Hawaii nach München zurückgelegt hatte. Am Flughafen bestieg er mit einem »wertvollen«, also nicht abgestempelten Fahrschein die S-Bahn. Als er am Hauptbahnhof ausstieg, geriet er unversehens in eine großangelegte, Razzia-ähnliche Fahrscheinkontrolle. Da weder er des Deutschen noch die Beamten des Englischen mächtig waren, wurde er kurzerhand auf das nächstgelegene Polizeirevier gebracht und dort mehrere Stunden lang festgehalten. Denn er hatte nicht entwertet.

Dieser kleinen Anekdote können Sie bereits entnehmen, daß der Charme der Deutschen gemeinhin von herberer Art ist, nicht gefällig oder gar süßlich wie der anderer Nationen. Dies hat den Vorteil, daß man stets weiß, woran man ist. Schon bei der Ankunft können Sie darüber hinaus ein regionales Nord-Süd-Gefälle feststellen. Dazu zwei kleine Beispiele: In München mahnt der Fahrer der S-Bahn die Fahrgäste zurückzubleiben, weil er nun die Türen zu schließen gedenke. Er tut dies auch auf dem internationalen Flughafen in bayerischem Dialekt, den jener japanische Geschäftsmann fahrlässigerweise nicht verstand, der zum Endspurt auf die Waggons ansetzte. Wie eine Stimme vom Olymp dröhnte daraufhin die Stimme des Zugführers über den Bahnsteig: »Ja herrgottsakra, zruckbleim hob i gsogt! Konnst net hörn, du Saupreiß, du japanischer?«

Ein wenig feinsinniger nimmt sich da die ebenfalls verbürgte Berliner Variante aus. Eine junge Dame kommt mit dem Zug am Bahnhof Zoo an. Ihre Pension ist zwar nur wenige hundert Meter entfernt, da sie viel Gepäck hat, wagt sie es dennoch, ein Taxi zu besteigen. Nachdem sie bang ihr Fahrtziel genannt hatte, drehte sich der Fahrer zu ihr um und sagte: »Also wissen Se, da kommt 'n Zug an, Hunderte von Leuten steigen aus, und ick, wa, ick zieh' die enzije Niete.«

## *Du nix verstehen, du machen zacki-zacki: Die Sprache Goethes und Schillers*

Wenn Sie nach Deutschland kommen, dann gibt es zwei Möglichkeiten: Entweder Sie sprechen Deutsch, oder Sie sprechen es nicht. Doch für das, was Sie nun gleich zu Ihrem großen Erstaunen erfahren werden, spielt dieser Unterschied keine erhebliche Rolle. Denn in beiden Fällen werden Sie über kurz oder lang feststellen: die Deutschen selbst sprechen gar nicht deutsch.

Jedenfalls scheinen die Einheimischen nicht jener Form des Deutschen mächtig zu sein, die Sie daheim in Ihrem Goethe-Institut gelernt haben oder von der Ihnen Ihr Sprachführer weiszumachen versucht, daß es die gängige Umgangssprache ist. Dort heißt es nämlich, das Deutsche sei eine schwierige Sprache – mit drei Geschlechtern plus dazugehörigen Artikeln, vier Fällen, unregelmäßigen Verben, vertrackter Pluralbildung, verwirrenden Endungen und dergleichen mehr. Außerdem haben Sie vielleicht noch Mark Twains Urteil über das Deutsche im Ohr, wonach diese Sprache unglaublich lange Sätze bildet, die auf »gekonnt gewollt gehabt zu haben zu sein« oder so ähnlich enden.

Sie werden sich betrogen fühlen, wenn Sie das erste Mal versuchen, mit einem Deutschen in seiner Muttersprache zu kommunizieren. Denn was Ihnen da entge-

gentönt, scheint eine der einfachsten Sprachen der Welt zu sein, ganz ohne grammatikalische Feinheiten oder Schwierigkeiten, eine Sprache, die auf ihre Grundbausteine reduziert ist und darüber hinaus mit einem Minimalwortschatz von etwa fünfzig Wörtern auszukommen scheint.

Nehmen wir ein alltägliches Beispiel. Sie sind mit dem Auto in einer fremden Stadt unterwegs und fragen einen Passanten nach dem Weg ins Zentrum, wo Sie Ihr touristisches Programm – Kirchen, Klöster, Kneipen – absolvieren wollen. Die Antwort wird ungefähr so ausfallen: »Du Zentrum? Du sein ganz falsch. Du müssen fahren zurück, anders, retour. Dann, guck, du sehen Ampel? Licht rot, gelb, grün. Dort du fahren rechts, und immer geradeaus. Wenn du sehen viel, viel groß Haus, du sein Zentrum.«

Daraus läßt sich schon eine ganze Menge lernen, was Ihnen Ihr Deutschlehrer zu Hause hartnäckig verschwiegen hat. Das Deutsche scheint im Gegensatz zu anderen Sprachen häufig ganz auf Verben zu verzichten. Wo dies nicht möglich ist, genügt offenbar der Infinitiv, eine Konjugation findet nicht statt (sein, müssen, sehen). Immerhin: ein rudimentärer Imperativ scheint sich noch erhalten zu haben (guck!). Auch Artikel, mit denen man Sie jahrelang im Deutschunterricht geplagt hat, entfallen: Da es offenbar weder bestimmte noch unbestimmte Artikel gibt, braucht man sich nicht mehr mit dem Genus des betreffenden Substantivs zu belasten.

Schließlich scheint der moderne Deutsche auch die komplizierte Pluralbildung über Bord geworfen zu haben. So heißt es nicht mehr: das Haus, die Häuser, sondern ganz einfach – und dem Chinesischen nicht unähnlich – Haus, viel Haus. Und nicht zuletzt: Unbemerkt von der Außenwelt scheint das Deutsche mit dem Englischen und den skandinavischen Sprachen gleichgezogen und die Höflichkeitsform abgeschafft zu haben; es gibt nur noch das Du.

Vermutlich werden Sie nun die ersten Mordpläne gegen Ihren Deutschprofessor schmieden und ihre Wörterbücher und Sprachführer zerreißen wollen. Doch gemach, Ihr Unterricht war nicht ganz umsonst! Die Deutschen sprechen auch Deutsch, es gibt sogar einige, die grammatikalisch völlig korrekt sprechen. Und untereinander achten die Deutschen penibel darauf, daß der Unterschied zwischen du und Sie auch eingehalten wird. Sie sind lediglich soeben Zeuge eines Verhaltens geworden, das es so nur in Deutschland gibt: galoppierende Sprachregression als Mittel der Völkerverständigung.

Anderswo ist das anders: Franzosen nehmen einen Ausländer erst dann zur Kenntnis, wenn er ihre Sprache besser und akzentfreier als sie selbst beherrscht. Angelsachsen sprechen ganz einfach einige Dezibel lauter, wenn Ihnen ein radebrechender Ausländer gegenübersteht – in der irrigen Annahme, der arme Teufel habe nur ein Problem mit den Ohren. Wir Russen neigen dazu, mit Fremden sehr langsam zu sprechen – was bei komplizierten Satzkonstruktionen indes eher kontraproduktiv wirkt, da man am Ende den Satzbeginn schon vergessen hat.

Keiner dieser Nationen würde es jedoch einfallen, ihre Muttersprache einem Fremden zuliebe zu verstümmeln, sie jeglicher Syntax und Grammatik zu berauben. Anders die Deutschen, die bei diesen Gelegenheiten ihre Sprache nach Herzenslust meucheln und metzeln. Dabei spielt es oft keine Rolle, daß der Ausländer fließend Deutsch spricht. Viele Deutsche verlassen sich lieber auf den optischen als auf den akustischen Eindruck. So gibt es Fälle japanischer oder koreanischer Germanistikprofessoren, die bei Aufenthalten in Göttingen, Tübingen oder Marburg außerhalb der Hochschule kaum einen richtigen deutschen Satz gehört haben. Ihr Fehler: Sie sahen asiatisch aus.

Ganz selten nur gelingt es einem Ausländer, sich in gleicher Münze zu revanchieren. So etwa jenem Palästinenser, der seit vierzig Jahren in Stuttgart lebt und das Deutsche sowohl in seiner Hochform als auch in der schwäbischen Variante fehlerfrei beherrscht. Dummerweise hat seine Physiognomie mit seinen linguistischen Fertigkeiten nicht Schritt gehalten, und er sieht noch immer genauso aus, wie man sich einen typischen Araber vorstellt: schwarzer Schnauzbart, olivfarbener Teint, gekräuselte schwarze Haare. Als er deshalb einmal von einem Pförtner im Stuttgarter Einwohnermeldeamt in Rudimentärdeutsch angesprochen wurde, schlug seine große Stunde. In breitestem Schwäbisch erwiderte er der Amtsperson: »Hano, isch etz scho so weit, daß d'Usländer do uf dr Behörde schaffe!«

Leider hat sich noch kein Sprachwissenschaftler mit dem Phänomen der freiwilligen Sprachregression beschäftigt. Vermutlich schlug die Geburtsstunde dieses vereinfachten Deutsch in den frühen sechziger Jahren, als die ersten Gastarbeiter aus Italien, Jugoslawien und später der Türkei in die damals noch keineswegs weltläufige Bundesrepublik kamen. Strenggenommen war es nichts Geringeres als ein Geniestreich, wie man mit der Simplifizierung die sprachlichen Hürden bewältigte.

Schließlich sollten die Gäste das Bruttosozialprodukt mehren helfen und nicht an philologischen Seminaren teilnehmen. Und es funktionierte, wenn man dem anatolischen Hilfsarbeiter zurief: »He, du machen zacki-zacki, du nix verstehen, alter Kümmeltürk?« oder den neapolitanischen Aushilfsfahrer mit einem schon fast südländisch melodiösen »Dalli-dalli, Spaghetti« an deutsches Arbeitstempo erinnerte. Die enorme zivilisatorische Leistung dieses Pidgin-Deutsch ist leider noch viel zu wenig beachtet worden. Mittlerweile ist es nämlich auf entlegenen griechischen Inseln, in türkischen Fremdenverkehrsorten und sogar an thailändischen Badestränden die am weitesten verbreitete *lingua franca*. »Du deutsch, deutsch gut«, werden heute Touristen aus der Bundesrepublik im vertrauten, heimatlichen Idiom empfangen. »Komm, ich dir machen gut Preis für Teppich.«

Als gesichert kann vermutlich gelten, daß die Triebfeder dieses Verhaltens der Wunsch ist, dem Ausländer das Leben zu erleichtern. Wer anderer wüßte besser als ein Deutscher, welch schwierige Sprache das Deutsche ist. Da gebietet es die Höflichkeit, dem Fremden ein gutes Stück Weges entgegenzukommen.

Problematisch wird es allerdings für jene, die zum Sprachstudium nach Deutschland kommen. Es bedarf übermenschlicher Anstrengungen, die Gemüsefrau, den Briefträger oder die Kassiererin zu einer akzeptablen Umgangssprache zu bewegen. Fairerweise muß man jedoch hinzufügen, daß es mittlerweile verhältnismäßig viele Deutsche gibt, die zumindest der englischen Sprache einigermaßen mächtig sind. Dies ist eine noch größere Herausforderung für englische oder amerikanische

Sprachstudenten, da diese polyglotten Deutschen an ihnen partout ihr Englisch ausprobieren wollen. Wenn der junge Brite nicht aufpaßt, dann trägt ihm ein zweijähriges Deutschstudium in Deutschland nur einen deutschen Akzent im Englischen ein.

Derartige Probleme werden Sie als Russe vermutlich nicht haben. Die Sprache Puschkins und Dostojewskijs ist in Deutschland nur geringfügig weiter verbreitet als das Japanische. Falls Sie darauf bauen sollten, daß »unsere« früheren Deutschen in der DDR in der Schule allesamt Russisch als Pflichtfach hatten, dann werden Sie eine bittere Enttäuschung erleben. Für die überwältigende Mehrheit von ihnen war das Russische in etwa so attraktiv wie ein Studium des frühen Hochsumerisch. Entsprechend rasch verdrängten sie unmittelbar nach ihrem Schulabschluß alle russischen Vokabeln.

Aber kehren wir zum Deutschen zurück. Auch die Deutschen haben zuweilen ihre liebe Not mit so manchen Feinheiten ihrer Sprache. Untiefen und Fährnisse lauern überall: Was schreibt man wann groß und wann klein, wo steht ein Doppel-s und wo ein sogenanntes scharfes ß, bildet man den Komparativ wirklich mit »als«, wo doch »wie« soviel eingängiger klingt? Bekannt ist die Anekdote, in welcher ein Bauer seinem Sohn anhand des Satzes, »Die Katz' sitzt hinterm Ofen«, eine einfache Richtschnur für die Regeln der Groß- und Kleinschreibung geben will: »Groß schreibst, was man anfassen kann, also den ›Sitz‹ und den ›Hintern‹, klein, was man nicht anfassen kann, nämlich die ›katz‹ und den ›ofen‹ – weil: die eine kratzt und der andere ist heiß.«

Keine Schwierigkeiten bereitet es den Deutschen merkwürdigerweise, daß ihre Wörter keinen Anfang und kein Ende zu haben scheinen. Kürzere deutsche Wörter scheinen im allgemein aus mindestens einem Dutzend Buchstaben zu bestehen, und nach oben gibt es offensichtlich keine Grenze. Wenn Sie sich so manche seriöse deutsche Zeitung ansehen, dann werden Sie leicht den Eindruck gewinnen, ein vierspaltiger Kommentar bestünde aus nicht mehr als 25 Wörtern. Lassen Sie sich von diesem Wortwürmern nicht bange machen. Dahinter steckt ein einfacher Trick: Die Deutschen hängen nämlich – ähnlich wie beim Dominospiel – einfach so viele Wörter, wie sie wollen, aneinander. Auf diese einfache Art und Weise bereichern sie ihren Wortschatz und verwirren gleichzeitig alle Fremden.

Daß viele Deutsche mit ihrer Muttersprache auf Kriegsfuß stehen, hängt eng mit der geschichtlichen Entwicklung des Landes zusammen. Anders als in den zentral ausgerichteten Staaten Frankreich, Spanien, England oder Rußland gab es in Deutschland jahrhundertelang kein gemeinsames politisches und geistiges Zentrum, in dem sich eine allgemein akzeptierte Hochsprache hätte herausbilden können. Die für das gesellschaftliche und kulturelle Leben wichtigen Metropolen hießen Weimar oder Lauenburg, Ansbach oder Karlsruhe – und dort wurden höchstens die regionalen Dialekte verfeinert und auf ein höheres Niveau angehoben.

Als Bismarck 1871 das Deutsche Reich mit seiner Hauptstadt Berlin gründete, war es schon zu spät: Bajuwaren und Alemannen, Hanseaten und Westfalen dachten nicht im Traum daran, quasi als Fremdsprache neben ihrem geliebten Idiom Hochdeutsch (oder das, was man in Preußen dafür hielt) zu erlernen. Ganz abgesehen davon, daß jeder Schwabe, Bayer oder Sachse seinen

Dialekt für wohlkingender (würde ich an Ihrer Stelle nicht glauben) und reicher (stimmt!) als das Hochdeutsche hält.

In den letzten Jahrzehnten hat das Fernsehen viel dazu beigetragen, eine einheitliche Hochsprache durchzusetzen. Für die berufliche Karriere aber ist ein gepflegtes Deutsch noch immer nicht notwendig – das gilt auch für die Politik: Vier von sechs Kanzlern der Bundesrepublik Deutschland wandten sich stets in ihrem heimeligen, heimatlichen Dialekt an die Nation; von den beiden Staatsratsvorsitzenden der untergegangenen DDR ganz zu schweigen. Ein französischer Staatspräsident hingegen, der im breiten Dialekt der Auvergne daherredete, oder ein britischer Premierminister mit Liverpudlian-Akzent wäre allenfalls als Lachnummer für das politische Kabarett denkbar.

Natürlich gab es wiederholt Versuche, den Deutschen eine einheitliche Schriftsprache zu verpassen – beginnend mit Martin Luther, der dann allerdings von theologischen Problemen in Anspruch genommen wurde, über die Brüder Grimm, die jedoch nur wegen ihrer Märchensammlung in Erinnerung geblieben sind, bis hin zu Alfred Duden, der 1880 sein *Vollständiges Orthographisches Wörterbuch der deutschen Sprache* herausbrachte. Aus bescheidenen Anfängen (die Erstausgabe umfaßte knapp 187 Seiten) hat sich das Nachschlagewerk »maßgebend in allen Zweifelsfällen« der deutschen Sprache zu mehr als einem Dutzend Bände ausgewachsen, und Sie werden »den Duden« überall finden, wo geschrieben und formuliert wird.

Alle Zweifelsfälle indes räumt der Duden nicht aus, was unter anderem daran liegt, daß das Deutsche auch in der Schweiz und in Österreich Amts- und Umgangssprache ist. Jeder Versuch von Sprachexperten dieser drei (bis zum Ende der DDR waren es sogar vier) deutschsprachigen Länder, eine allgemein verbindliche Hochsprache zu schaffen, scheiterte am Nationalstolz vor allem der beiden kleineren Brüder, die zudem die linguistische Dominanz des starken Deutschlands fürchteten. Die Österreicher, die nach dem Zweiten Weltkrieg für einige Zeit sogar ein Unterrichtsfach Österreichisch in die Lehrpläne aufgenommen hatten, kämpfen indes nur noch Rückzugsgefechte. Vor allem die Sprache der Werbung und des Fernsehens höhlt langsam, aber stetig die Austriazismen aus.

Da sind die Schweizer schon besser dran: Erstens wollen sie nicht in die von Deutschland dominierte Europäische Union, und zweitens betrachten sie das Hochdeutsche buchstäblich nur als Schriftsprache. Unterhaltungen führen sie in ihren hingebungsvoll gepflegten Dialekten. Wenn Sie trotz eines abgeschlossenen Germanistikstudiums vom Gespräch zweier Eidgenossen kein Wort verstehen, so grämen sie sich nicht: Gebürtige Deutsche haben dasselbe Problem.

Inzwischen haben sich Germanisten aus allen drei deutschsprachigen Ländern auf eine Minimalreform der Sprache geeinigt. Viel ist von den hochfliegenden Plänen, etwa die Groß- und Kleinschreibung abzuschaffen, nicht mehr geblieben. Immerhin soll nun endlich in Deutschland der Eßzett oder scharfes ß genannte Buchstabe wegfallen. Österreicher und Schweizer kommen schon lange blendend ohne ihn aus. Ansonsten wollen die Deutschen lediglich nachholen, was wir von jeher praktizieren: Fremdwörter sollen so geschrieben werden, wie man sie ausspricht – also Majonäse, Filosofie, Asfalt oder Rytmus. Leider wird es den Deutschen versagt bleiben, dieses Prinzip mit der im Russischen betriebenen Konsequenz auch auf Eigennamen auszuweiten: Es wird also keinen Schekspier, keinen Flobehr und keinen Dschäk se Ripper geben. Eigentlich schade!

Was den Lokalpatriotismus betrifft, so sollten Sie ihm selbst mit noch so mangelnden Deutschkenntnissen Tribut zollen, zumindest bei Begrüßung und Verabschiedung. Vermeiden Sie es nach Möglichkeit, der Marktfrau auf dem Münchner Viktualienmarkt mit einem knappen »Guten Tag« unter die Augen zu treten. Hüten Sie sich ebenso davor, in Hamburg mit einem behäbigen »Grüß Gott« auf den Lippen einen Laden zu betreten. Der fromme Gruß ist südlich der Mainlinie zu Hause (ebenso wie »Servus« beim Abschied), das nüchterne »Guten Tag« im Norden (wo man zackig mit »Tschüss« auseinandergeht). Wegen ihrer bunten und wechselvollen Geschichte sitzen bei manchen Deutschen die Ressentiments gegenüber Landsleuten aus anderen Breiten tief, und Sie werden ja nicht von einem altbairischen Preußenhasser mit einem Nordlicht verwechselt werden wollen. Allen Landstrichen gleichermaßen eigen ist jedoch in Firmen und Betrieben der herzliche Mittagsgruß »Mahlzeit«. Hierbei ist es völlig unerheblich, ob Sie Hunger haben oder Sodbrennen, in die Kantine gehen oder von ihr kommen, oder ob Ihnen überhaupt der Appetit vergangen ist.

Angesichts dieser Mischung aus historisch gewachsenen regionalen Eigenheiten und starkem Lokalpatriotismus ist es nicht verwunderlich, daß es in Deutschland keine oberste Sprachinstanz, keine Sprachakademie gibt wie etwa in Frankreich, die verbindliche Richtlinien festlegt. Einer solchen Einrichtung am nächsten kommt noch die Gesellschaft für deutsche Sprache. Sie tritt einmal im Jahr ins Bewußtsein der Öffentlichkeit, wenn sie das jeweilige Wort beziehungsweise Unwort des Jahres bekanntgibt. »Finale Vergruftung« etwa oder »Abwicklung« – also besonders grausige Beispiele für einen »gedankenlosen und verantwortungslosen Sprachgebrauch«.

Auf verlorenem Posten stehen die deutschen Sprachwächter – im Gegensatz zu ihren viel mächtigeren französischen Kollegen – jedoch, wenn es gilt, den Schwall fremdzüngiger Einflüsse auf die deutsche Sprache abzuwehren. Leider hat unser Russisch kaum Spuren im Deutschen hinterlassen, sieht man einmal von der Datsche ab, welche die DDR in das vereinte Deutschland als Morgengabe eingebracht hat. (Nicht viel, betrachtet man es vor dem Hintergrund von vier Jahrzehnten intensiver sowjetischer Deutschlandpolitik.)

Aber Sie können sich auch mit Russisch ganz gut durchschlagen in Deutschland, zumal da – wie wir gelernt haben – die Grammatik überflüssig ist. Denn in umgekehrter Richtung hat der Sprachaustausch stets besser funktioniert, und so kommt es, daß es in unserem Wortschatz von ursprünglich deutschen Vokabeln nur so wimmelt. Die meisten sind sogar nützlicher als etwa die *bakenbardi*, die Backenbärte, die heute kaum noch jemand trägt, oder der *wympel*, der einst bei Paraden der Freien Deutschen Jugend im Winde knatterte.

Sie können auf russisch sogar Ihren Hunger in Deutschland stillen: vom *schnizel* über die *bifschteksi* und den *salat* bis hin zum *butjerbrod*. Bei letzterem sei jedoch warnend hinzugefügt, daß dieses Brot in Deutschland – wie der Name sagt – ausschließlich mit Butter bestrichen ist und nicht zusätzlich mit Wurst oder Käse wie bei uns. Übrigens ein gutes Beispiel dafür, daß die Deutschen in ihrer Sprache nicht zu euphemistischen Übertreibungen neigen.

Sie können also in einem Wirtshaus mit einem *buchgalter* ins Gespräch kommen – sobald der *schlagbaum* des Fremdelns beseitigt ist –, gemeinsam über die Farbe des *bjustgalters* der Bedienung spekulieren und anschließend *bruderschaft* trinken, was die Deutschen sehr gerne tun. Wenn Sie dann die Polizei auf dem Rückweg ins Hotel alkoholisiert am Steuer antrifft, werden Sie bestraft – richtig, das kommt von dem alten slawischen Wort *schtrafowat.* Aber Vorsicht: Mißverständnisse lauern überall. Fallen Sie nicht in Ohnmacht, wenn Ihnen ein deutscher Freund stolz seine Bohrmaschine zeigt. Er verwendet sie, um Löcher in die Wand zu bohren, nicht in Zähne. Deutsche Zahnärzte benutzen einen Bohrer, nur russische Dentisten greifen zur *bormaschina.*

Leichter haben es englischsprachige Gäste in Deutschland, und das nicht nur, weil Englisch die erste und verbreitetste Fremdsprache zwischen Nordsee und Alpenrand ist. Wie ein Schwamm hat das Deutsche unzählige englische Ausdrücke aufgenommen und sie obendrein ins Streckbett der deutschen Grammatik geworfen. So kann man am Flughafen Sätze wie diesen hören: »Cancellst du mal eben den Flug, ich checke, wo das Gepäck bleibt.« In den Management-Etagen deutscher Großbetriebe hat man sich »in 1993« zu einer Zahlung oder einem Vertrag »committed«, und in Fernsehkreisen umschreibt man seinen Beruf mit dem hübschen »ich netwörke, du netwörkst, wir haben genetwörkt«.

Sie sehen, Sie haben Ihre deutschen Konjugationsregeln doch nicht umsonst gelernt. Sollten Sie für mehrere Jahre in Deutschland bleiben und zudem nicht sehr fremdartig aussehen, dann werden Sie sogar Deutsche treffen, die sich grammatikalisch richtig mit Ihnen unterhalten – falls Sie sich nicht bis dahin Pidgin-Deutsch angeeignet haben.

## *Zwischen Jägerschnitzel und Döner Kebab: Essen und Trinken hält Leib und Seele zusammen*

Heute mag es noch unwahrscheinlich klingen, aber es würde mich nicht überraschen, wenn Historiker der Zukunft einem unscheinbaren Würstchen eine bahnbrechende Rolle bei der Vollendung der deutschen Einheit zuschrieben. Denn wer weiß, ob Michail Gorbatschow seinerzeit so rasch Zutrauen zu diesem unbekannten Deutschland gefaßt hätte (er kannte ja noch nicht dieses Buch), wenn ihn nicht die zarte, milde bayerische Weißwurst auf den Geschmack gebracht hätte.

Es ist natürlich nur ein Gerücht, daß er sich regelmäßig Weißwürste nach Moskau einfliegen läßt. Dafür fehlt es ihm heute wohl an Geld. Sicher ist jedoch, daß Gorbatschow seit seiner ersten schicksalhaften Begegnung nie eine Gelegenheit zu einem Zwischenstopp in München ausläßt, um eine Portion Weißwürste mit süßem Senf und einer Brezen zu verzehren. Das obligate Weißbier wird der Kostverächter indes wahrscheinlich durch ein Mineralwasser ersetzen.

Nun, über Geschmack läßt sich streiten, und Sie müssen selbst versuchen, ob Ihnen die Komposition aus zartem Kalbfleisch und Kräutern in weißem Darm mundet. Von Michail Sergejewitschs Begeisterung allein läßt sich nicht ableiten, daß die deutsche Küche zu den Fixsternen am globalen Gastronomenhimmel zählt. An die *haute*

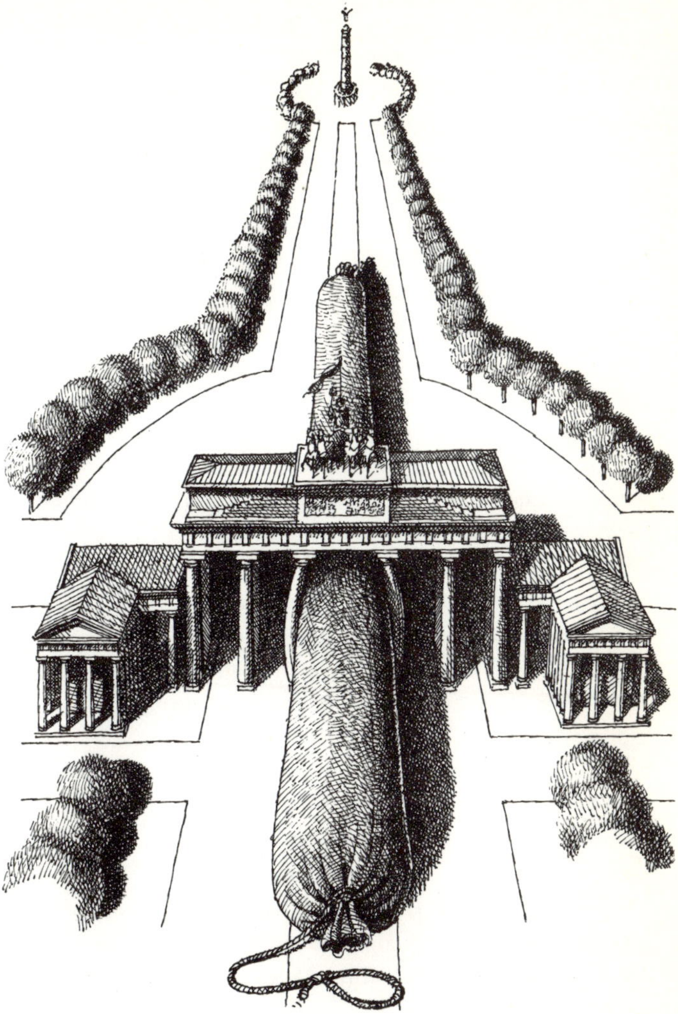

*cuisine* der Franzosen, Belgier oder Italiener reicht deutsche Hausmannskost mitnichten heran. Der ob seines Sarkasmus' berüchtigte französische Restaurantführer *Gault Millau* bescheinigte den deutschen Küchenchefs einst sogar »Einfallslosigkeit«: »Sie kopieren die großen Meister und wollen durch einen fatalen Hang zum Komplizierten Eindruck schinden.« Auf ihren Speisekarten herrsche gähnende Langeweile.

Ganz so schlimm ist es nicht, aber es ist schon wahr, daß sich die deutsche Küche eher durch Bodenständigkeit, Solidität und Deftigkeit als durch Raffinesse auszeichnet. Als Russen sind wir ohnehin nicht dafür prädestiniert, in eine Diskussion renommierter Küchenchefs einzugreifen. Denn Borschtsch und Piroggen erfreuen eher den Gourmant als den Gourmet. Ähnlich pragmatisch wie wir verhalten sich die Deutschen zum Essen. Obwohl immer wieder Diät- und Light-food-Wellen übers Land rollen, gilt: Reichlich muß es sein und sättigend. Nur deutschen Kommunisten in der DDR konnte es einfallen, Kartoffeln, Nudeln oder Klöße mit dem sinnfälligen Begriff »Sättigungsbeilage« zu versehen.

Im Mittelpunkt der deutschen Kochkultur indes steht – und da stimmen wir mit dem letzten Staatspräsidenten der Sowjetunion überein – die Wurst. So donnernd ist ihr Ruf, daß er sogar durch den Eisernen Vorhang bis in den entlegensten Kolchos im Altai drang. Wenn wir vor unseren kargen Sättigungsbeilagen in der Betriebskantine saßen und kulinarischen Tagträumen nachhingen, dann dachten wir nicht an schlabbrige Soufflés oder Ragouts, sondern an knakkige Würste. Sogar die ebenso fein- wie scharfzüngigen

Franzosen beißen gern – wenn sie sich unbeobachtet fühlen – in eine fette, herzhafte deutsche Wurst.

Wie wichtig dem deutschen Menschen die Wurst ist, zeigt ein Blick auf seine Sprache. Die Wurst zieht sich paradigmatisch durch all seine Lebenssituationen – ob ihm nun etwas Wurst, also egal, ist, ob es ihm um die Wurst, also um Entscheidendes wie Leben und Tod, geht oder ob er sich einfach so durchwurstelt. Außerdem hat es den Anschein, als ob die Deutschen, die so oft in ihrer Geschichte von ihren jeweiligen Machthabern gleichgeschaltet wurden, in der Wurstpelle (verzeihen Sie das Bild) eine Nische für ihre Individualität gesucht und gefunden hätten.

Es gibt lange Würste und kurze, dicke und dünne, fette und magere. Man ißt sie kalt und man ißt sie heiß und manchmal angemacht wie Salat mit Essig, Öl und mit Zwiebeln. Man kann sie braten, kochen, grillen oder sieden, in Ketchup tunken oder in Senf. Sie lassen sich aufschneiden oder aus der Haut zutzeln, in ein Brötchen zwängen oder auf Sauerkraut garniert, mit und ohne Kartoffelpüree vom Teller essen. Der Vielfalt sind ebensowenig Grenzen gesetzt wie Rekorden. Recht passend war es beispielsweise, daß bei einem Fest zum Tag der Deutschen Einheit die längste Bratwurst der Welt im Triumph durch die Straßen Berlins getragen wurde, bevor sie verspeist wurde.

Wenn Sie, was zu empfehlen ist, während Ihres Aufenthaltes kreuz und quer durch Deutschland reisen, dann werden Sie noch etwas feststellen: So unterschiedlich wie die deutschen Landschaften und Dialekte, so bunt ist die Auswahl an Würsten, die Ihnen begegnen wird. Oder anders ausgedrückt: Der Wurst kommt in

Deutschland eine identifikationsstiftende Bedeutung zu, denn landsmannschaftlich definiert sich der Deutsche über die Wurst.

Bleiben wir bei der Weißwurst. Nördlich der Donau werden Sie sie vermutlich nicht mehr finden (wie schon Gorbatschow zu seinem Leidwesen erfahren mußte), da sie ein typisch altbairisches Produkt ist. Mit unverhohlenem Nationalstolz präsentieren sich dafür in anderen Regionen all die Thüringer, Frankfurter, Regensburger oder Nürnberger Rostbratwürstchen sowie die westfälischen Pinkel. Gemeinsam ist fast allen Würsten indes, daß sie am besten auf der Straße schmecken, mithin im Freien und vom Pappteller.

Es versteht sich von selbst, daß auch Restaurants und Gasthäuser Würste anbieten. Leider sind diese allzuoft die einzigen Gerichte auf der Karte, die wirklich schmecken. Ich weiß, daß wir in den vergangenen acht Jahrzehnten in der Sowjetunion nicht verwöhnt wurden mit Restaurants. Wenn es einigermaßen schmecken sollte außer Haus, dann ging man in ein georgisches oder anderes kaukasisches Gasthaus. Aber in Deutschland? Tatsächlich ist es schwierig, in einem deutschen Restaurant gut deutsch zu essen.

Natürlich gibt es zwischen Elbe und Donau, Rhein und Oder mittlerweile ein paar Dutzend Edelrestaurants, die für ihre »Regionalküche im Festtagskleid« von französischen Vorkostern mit allerlei Sternen, Kochmützen und dergleichen Auszeichnungen bedacht worden sind. Die Frage ist nur, ob Ihnen bei den Preisen nicht der Appetit vergeht, verschlingt doch ein Essen für zwei Personen leicht zwei russische Jahresgehälter.

Was aber die Masse der deutschen Wirtshäuser angeht, so muß man den Kritikern des *Gault Millau* leider recht geben: Die Speisekarte ist ziemlich eintönig. Allerdings gibt es, im Gegensatz zur alten Sowjetpraxis, meistens alles, was auf ihr aufgeführt ist. Das sind vor allem Fleischgerichte – und dies erklärt vielleicht, warum die Deutschen mit einem Pro-Kopf-Verbrauch von 63 Kilogramm Fleisch im Jahr hier in der internationalen Spitzengruppe angesiedelt sind.

Mit der Bestellung dürften Sie, wie wir schon gelernt haben, auch ohne Deutschkenntnisse kaum Schwierigkeiten haben: *schnizel, bifschteksi* und *kotlety* werden Sie ohne Schwierigkeiten auf der Karte erkennen – wobei es sich bei den Koteletts nicht, wie in Rußland, um Buletten handelt, sondern um das, was wir präzise, aber wenig appetitanregend als »Fleisch mit Knochen, gebraten« bezeichnen. Schnitzel gibt es in verschiedenen Varianten, genauer gesagt, es handelt sich meistens um ein Stück gebratenes Fleisch mit wechselnden Soßen.

Beim Paprikaschnitzel läßt sich diese noch leicht erraten, vertrackter wird es beim Jägerschnitzel. Nach einem unerforschlichen Ratschluß wird der Waidmann in der deutschen Küche nicht mit Wild in Verbindung gebracht, sondern mit Pilzen, vermutlich, weil die im Walde wachsen. Dasselbe gilt natürlich für Jägerbraten, Jägertoast oder ähnliche Kompositionen. Schrauben Sie als Pilzkenner Ihre Erwartungen lieber nicht zu hoch. Mit Ausnahme weniger Restaurants und der Pilzsaison werden die Jägergerichte durch die Bank mit Champignons aus der Dose zubereitet.

Es soll Deutsche der jüngeren Generation geben, die fest davon überzeugt sind, daß eßbare Pilze ausnahmslos in Dosen wachsen und die freiwachsenden Arten von

Fliegenpilz bis Fußpilz allesamt ungenießbar sind. Sie mögen jetzt als Pilzgourmet traurig den Kopf schütteln, aber diese Ignoranz hat auch etwas Gutes: Bei der Pilzsuche in deutschen Wäldern haben Sie wenig Konkurrenz. Begehen Sie aber um Himmels willen nicht den Fehler und laden Sie deutsche Freunde und Bekannte zu einem Abendessen mit eigenhändig gesammelten Pilzen ein. Man würde Ihren botanischen Kenntnissen nämlich bei aller Sympathie nicht rückhaltlos trauen. Im ungünstigsten Fall könnte man Sie gar als durchtriebenen Giftmischer verdächtigen.

Zurück zur harmloseren Küche. Beliebt als kleinere Zwischenmahlzeit sind auch Toasts – meist nur eine Scheibe geröstetes Weißbrot mit einer dicken Lage Fleisch, Wurst, Schinken oder Käse. Den Jägertoast und was sich dahinter verbirgt, haben wir ja schon erwähnt. Nicht umzubringen ist der Toast Hawaii, in den sich die Deutschen schlicht vernarrten, als sie Anfang der sechziger Jahre zum ersten Mal nach Kriegsende ihre Nase in die große, weite Welt hinausstreckten. Seither steht Hawaii als Synonym für Ananas, mit dem nicht nur der gleichnamige Toast, sondern auch das eine oder andere Fleischgericht abgerundet werden soll. Ein Toast Florida (aus unerfindlichen Gründen mit Cocktailkirschen garniert) konnte sich hingegen nicht durchsetzen.

Heute sind die Deutschen auch gastronomisch viel, viel weltläufiger geworden, und neben dem Toast Hawaii – auf den sie selbstverständlich noch nicht verzichtet haben – besitzen sie den Wolfram Siebeck. Er begann seine Karriere als Satiriker für Wochenzeitungen, bevor er sich daranmachte, seinen Landsleuten die Feinheiten der guten Küche nahezubringen. Ob dies wirklich einen Bruch mit seiner Vergangenheit darstellte, mag dahingestellt bleiben. Siebeck gilt als Eßpapst Deutschlands (wohl deshalb, weil es im allgemeinen nur einen Papst gibt, weniger wegen der Unfehlbarkeit), und sein Verdienst ist es, der deutschen Hausfrau den Mut eingeflößt zu haben, das Rohprodukt für Bratkartoffeln nach Herkunftsort und Jahrgang grammweise auszuwählen und diese in zentnerschweren gußeisernen Pfannen zuzubereiten.

Aber bleiben wir noch ein wenig im Restaurant. Aus Sowjetzeiten vertraut wird Ihnen sein, daß es hier natürlich Regeln gibt, an die sich der Hunger zu halten hat. Dazu gehören feste Essenszeiten. Nach 14.00 und vor 18.00 Uhr werden Sie nichts Warmes in den Magen bekommen, man wird Sie aber mit belegten Broten abzufüttern versuchen. Daher empfiehlt es sich stets, auf den Hinweis zu achten: »Warme Küche bis soundsoviel Uhr«.

Sollten Sie spätabends noch eine Kneipe betreten – und sei es nur auf ein Bier –, dann kann es Ihnen geschehen, daß Sie statt mit einem Gruß vorsorglich mit dem Ruf empfangen werden: »Zu essen gibt's aber nichts mehr.« Das sollten Sie nicht als Unhöflichkeit betrachten. Man will Ihnen nur die Peinlichkeit ersparen, sich zu setzen, voll genüßlicher Vorfreude die Karte zu studieren, nur um darauf zu erfahren, daß die Küche bereits geschlossen hat. So aber haben Sie eine, wenn auch verschwindend geringe Chance, in einer anderen Lokalität vielleicht doch noch Ihren Hunger stillen zu können.

Selten werden Sie es erleben, daß Ihr deutscher Tischnachbar oder Ihr Gastgeber bei einer Esseneinladung seinen Teller nicht leer ißt. Wenn Sie etwas übriglassen, dann gilt das als unhöflich, ja, als deutliches Zeichen, daß es Ihnen nicht geschmeckt hat. Da Deutsche im allgemeinen sehr direkt sind und sich nicht verstellen, wenn ihnen etwas nicht gefällt, wird man Ihre Entschuldigung, Sie brächten beim besten Willen nichts mehr hinunter, weil Sie satt seien, als lahme Ausrede werten. Schließlich ist seit Generationen jedes deutsche Kind der Aufforderung nachgekommen, daß gegessen wird, was auf den Tisch kommt. In Restaurants gesellt sich oft die weitverbreitete Volksweisheit hinzu: »Lieber den Magen verrenken, als dem Wirt was schenken.« Das führt dazu, daß in Wirtshäusern oft der Aufnahmefähigkeit des Magens zum Trotz üppigste Portionen verzehrt werden, weil schließlich dafür bezahlt wird.

Noch ein Wort zu den Restaurants: Sehr merkwürdig werden Ihnen zwei Fragen vorkommen, die Kellner oder Bedienung unweigerlich zusammen mit der Rechnung vorlegen: »Getrennt oder zusammen?« und »Wieviel Brot haben Sie gehabt?« Beide Fragen stehen in einem inneren Zusammenhang. Da in Deutschland selten eine Person eine ganze Gesellschaft einlädt, und größere Gruppen zwar gemeinsam an einem Tisch essen, aber getrennt abrechnen, muß der Kellner sich vergewissern, wer nun für die Leberknödelsuppe aufkommt und wer für den Apfelstrudel. Spannend wird es in diesen Fällen bei der Frage nach dem Brot, das Scheibe für Scheibe bezahlt werden muß. Es gibt kaum ein schöneres Bild, als eine deutsche Tischgesellschaft bei der Denksportaufgabe zu beobachten, wer die zwei Semmeln, und wer die einzige Salzstange im Brotkorb gegessen hat.

Glücklicherweise ist die ehedem geschlossene deutsche Gastronomenfront durch ausländische Konkurrenz schon weitgehend aufgebrochen. Zum Griechen, Italiener oder Chinesen geht man allemal lieber als ins heimische Wirtshaus – nicht zuletzt deshalb, weil die fremden Köche sich auf den Geschmack ihrer deutschen Gäste eingestellt haben. Das geht so weit, daß es die – nach deutschem Verständnis – »typische griechische Taverne« eher in Salzgitter als in Saloniki gibt. Wer nur den mit allerlei Tand und Schnickschnack verzierten gemütlichen Griechen daheim kennt, den trifft bei seiner ersten Einkehr in die kahle griechische Originalversion zwischen Schnellstraße und Großbaustelle unweigerlich der Schlag. Dasselbe gilt für Restaurants anderer Nationalität. Inzwischen haben ausländische Wirte sogar auf dem flachen Land klassische Dorfgasthäuser übernommen. Hinter dem Gasthof zur Post verbirgt sich dann ein türkisches Spezialitätenrestaurant Ararat, und in der Deutschen Eiche gibt es chinesisch-vietnamesisch-thailändische Küche.

Vielleicht werden Sie während Ihres Aufenthalts ins traute Heim einer Familie eingeladen. Die Chancen dafür stehen gar nicht schlecht, denn die Deutschen haben gerne Gäste, zumal wenn sie aus dem Ausland stammen. In diesem Fall sollten Sie alles vergessen, was Sie von zu Hause her gewohnt sind, sofern Sie nicht sich selbst und Ihr Heimatland in schlechten Ruf bringen wollen.

Bevor ich Ihnen detaillierte Anweisungen gebe, zunächst ein grundsätzlicher Rat: Ohne den jahrhundertealten russischen Intellektuellenstreit beleben zu wollen, ob Rußland nun eigentlich zum Orient oder zum Okzident zählt, kann man doch mit Fug und Recht behaupten, daß wir einige Punkte zweifellos den östlichen Kulturen abgeschaut haben. Dazu gehören die Begriffe

Gastfreundschaft und Gast. Wir verbinden, wie die Chinesen, Inder oder Araber, mit dem Begriff Gast die Vorstellung von etwas Besonderem, Außergewöhnlichem. Mit anderen Worten: Bei uns bestimmt der Gast die Regeln, sein Wort ist Befehl, seine Wünsche versucht der Gastgeber zu erfüllen.

Anders in Deutschland: Hier ist der Besucher »nur« der Gast, und als solcher muß er sich dem Gastgeber unterordnen. Ein bißchen spielt hier vielleicht der klassische Satz eine Rolle, den erzürnte deutsche Väter seit Generationen ihren pubertierenden und daher widerborstigen Kindern bei den gemeinsamen Mahlzeiten zuzuschleudern pflegen: »Solange du deine Füße unter meinen Tisch stellst, ißt du, was deine Mutter gekocht hat.« Ganz so drastisch wird man sich Ihnen als Gast gegenüber zwar nicht äußern. Aber man wird von Ihnen erwarten, daß Sie keine Kritik an der Küche der Hausfrau üben und herunterwürgen, was auf den Tisch kommt, ohne Rücksicht darauf, ob Sie gegen dieses Gericht allergisch sind.

Soweit die grundsätzliche Regel, die nur wenige Menschen in Deutschland kennen. Wenn Sie sie verinnerlicht haben, kann kaum mehr etwas schiefgehen. Dennoch sollten Sie sich auch die Tips im Detail zu Herzen nehmen, damit Ihr Besuch ein Erfolg wird.

Tauchen Sie nie, wie Sie es von daheim kennen, uneingeladen bei einer deutschen Familie zur Abendbrotzeit oder zu einem anderen Termin auf. Eine Esseneinladung ist eine ernste Angelegenheit, sie wird geplant und vorbereitet. In Rußland schätzt man das Gespräch mit Freunden, was bei dieser Gelegenheit auf den Tisch kommt, hängt vom zufälligen Inhalt des Kühlschranks ab und ist unerheblich. In Deutschland hingegen will der Gastgeber Eindruck machen, und das bedarf einer generalstabsmäßigen Planung.

Kommen Sie, wenn ein Termin vereinbart ist, unbedingt pünktlich. Zu frühes Eintreffen würde Ihre Gastgeber in größte Verlegenheit stürzen, weil der Braten noch in der Röhre, die Hausfrau nicht umgezogen ist und die Gläser noch nicht poliert sind. Erscheinen Sie zu spät, besteht die Gefahr, daß das kunstvoll durchkomponierte und an feste Verzehrzeiten gebundene Menü verschmort oder kalt wird. Vergessen Sie nicht: Man will Ihnen etwas Besonderes bieten, und da sollten Sie für den reibungslosen Ablauf schon Ihren kleinen Beitrag leisten.

Aber Vorsicht: In vielen deutschen Haushalten wird abends kalt gegessen. Es kann Ihnen also passieren, daß Sie zum Abendbrot nur ein paar Häppchen erhalten. Die mögen zwar mit erlesenen Leckereien wie Lachs oder Kaviar belegt sein – man will schließlich zeigen, was man hat –, aber satt werden Sie davon nicht. Unglücklicherweise weiß man selten vorher, was einen erwartet: belegte Brote oder ein viergängiges Diner? Wenn Sie jedoch schon einschlägige Erfahrungen mit dem jeweiligen Gastgeber gemacht haben, dann sollten Sie sich unterwegs schnell ein paar Würstchen an der Bude kaufen.

Begrüßt werden Sie vom Gastgeber unweigerlich mit Handschlag. Warum auch sollten an der Haustür andere Umgangsformen gelten als am Arbeitsplatz, auf der Straße oder an anderen öffentlichen Plätzen? Die Deutschen sind Händeschüttler mit Leib und Seele. Geschüttelt wird ordentlich der Reihe nach: Mann mit Mann, Frau mit Frau, Mann eins mit Frau zwei, Mann zwei mit Frau eins. Schon bei zwei Ehepaaren gibt es zahlreiche reizvolle Kombinationen, vor allem wenn Sie wissen, daß es unheilbeschwörend ist, sich über Kreuz die Hände zu reichen. Sie können sich dem Ritual nur durch einen Gipsverband oder den rasch vorgebrachten Hinweis entziehen, sie litten unter einem hoch ansteckenden Hautausschlag. Sonst aber gilt: Wenn Sie Ihre Rechte nicht freiwillig und schnell vorstrecken, wird man sie sogleich ergreifen und erbarmungslos aus dem Ärmel ziehen.

Früher, als die Menschen vernünftiger waren, gab es einen einleuchtenden Grund, seinem Gegenüber die Hand zu schütteln: Auf diese Weise überprüfte man, ob er keine Waffe in der Rechten verbarg. Allerdings dient der Händedruck auch heute noch vielen Deutschen als erster und ausschlaggebender Test, welchen Charakters sein Vis-a-vis ist. Als Faustregel gilt: Je fester der Händedruck, desto aufrechter und ehrlicher der Mann. Wer sein Händchen hingegen wie ein welkes Blatt darreicht, gilt gemeinhin als charakterschwache Memme. Drükken Sie also so fest Sie können zu, selbst wenn Sie Ihre Hand in einem Schraubstock für immer zu verlieren glauben.

Bei längerer Bekanntschaft mit Ihrem Gastgeber ersparen Sie sich zumindest einen Teil der Händedrücke. Denn in den letzten Jahren hat sich der auf die Wange gehauchte Kuß als Begrüßungsritual durchgesetzt. Beachten Sie dabei bitte meine Formulierung: auf die Wange gehaucht. Die bei uns üblichen bärenartigen Umarmungen würden bei Ihren deutschen Freunden vermutlich Befremden auslösen. Zudem dürfen Sie ohnehin nur die Gastgeberin und andere allfällig anwesende Damen küssen. Denn der deutsche Mann küßt keinen anderen Mann, es sei denn, er wäre schwul, und dafür gelten andere Benimmregeln.

Sie haben nun glücklich die Schwelle zur Wohnung überwunden, massieren unauffällig Ihre Hand und nähern sich allmählich dem Essen. Ob Häppchen oder Festmahl – der Vorgang des Abendessens ist viel förmlicher, als wir es von zu Hause gewohnt sind, ganz einfach *kulturnij*. Vermeiden Sie es daher unbedingt, während des Essens zu rauchen, weil Sie einfach ein Päuschen einlegen wollen. Die Zigarette gibt es allenfalls zwischen den Gängen oder nach dem Essen. Mancherorts kann es Ihnen widerfahren, daß Sie zum Rauchen auf den Balkon oder ins Treppenhaus komplimentiert werden. Und halten Sie sich, wie schwer es Ihnen auch fallen mag, mit den Getränken zurück. Der Wein wird vom Gastgeber ausgeschenkt und ist genau bemessen. Halten Sie nicht die Weißweinflasche fest, die zusammen mit den Vorspeisentellern abgeräumt wird; als nächstes wird Rotwein zum (roten) Fleisch kredenzt – eine Flasche für den ganzen Tisch. Überhaupt: Anders als bei uns gilt ein mit allen möglichen Vor-, Haupt- und Nachspeisen überladener Tisch als unzivilisiert. Gegessen wird streng der Reihe nach, ordentlich eben.

Bei den Mitbringseln sollten Sie russische Standards vergessen. Verkneifen Sie es sich, ein gebratenes Huhn zum Abendessen mitzubringen. Was bei uns ein hochwillkommener Beitrag zu einer reichhaltigen Tafel ist, wäre in Deutschland ein folgenschwerer Fauxpas. Man würde Ihnen vermutlich unterstellen, daß Sie der Kochkunst der Gastgeberin von vornherein mißtrauen und sich daher sicherheitshalber Ihr eigenes Essen mitgebracht haben.

Grundsätzlich gilt für Geschenke: Gehen Sie auf Nummer Sicher, überlegen Sie sich nichts Ausgefallenes. Mit Pralinen, Blumen, einer Flasche Wein liegen Sie stets richtig. Kaufen Sie Getränke aber um Himmels willen nicht nach unserem Prinzip: eine Flasche Wodka für die Herren, einen Likör für die Damen und eine Buddel *Schampanskoje* für alle zum Runterspülen. Harte Getränke sind bei vielen Deutschen aus Gesundheitsgründen verpönt, und Champagner trinkt man eher zu besonderen Anlässen – und das ist Ihr Besuch ganz sicher nicht, weil er nicht mit Kindstaufen und Hochzeiten konkurrieren kann.

Bevor Sie zu Tisch gebeten werden, wird man Ihnen – sofern es Ihr erster Besuch ist – zunächst die Wohnung oder das Haus der Gastgeber vorführen. Das mag Ihnen ungewöhnlich vorkommen, denn bei uns geht man schnurstracks in die Küche, wo man den Rest des Abends verbringt. Der Rest der Wohnung ist – einmal abgesehen von der Lage des Badezimmers – uninteressant. Das ist im Prinzip auch in Deutschland so, wird aber von den Gastgebern nicht so gesehen – zumal wenn sie stolze Eigenheimbesitzer sind. Vom Keller bis zum Dachboden, vom Hobbyraum bis zum Schlafzimmer wird man Ihnen jeden Winkel und jede Ecke zeigen.

Diese Führung kann etwas länger dauern, da sie mit Erklärungen und Ankedoten angereichert wird: wie günstig man diesen Teppichboden erstanden hat, wie Vater beim Tapezieren des Kinderzimmers in den Eimer mit dem Kleister getappt ist und wie man auf dem Basar von Tunis um den prächtigen Kamelhocker gefeilscht hat, über den man auf dem Weg zum Lokus nun ständig stolpert. Von Ihnen erwartet man bei dieser Präsentation nichts weiter als ergriffenes Nicken. Selbst ein bißchen Neid dürfen Sie zeigen, das freut den stolzen Hausbesitzer, der es zu etwas gebracht hat. Loben Sie! Wenn das Eigenheim in einer abgeschiedenen Gegend liegt, wo sich Fuchs und Hase Gute Nacht sagen, rühmen Sie die himmlische Ruhe und die frische Luft. Verstehen Sie hingegen Ihr eigenes Wort nicht wegen des von der Schnellstraße vor dem Fenster heraufbrandenden Verkehrslärms, heben Sie die zentrale und verkehrsgünstige Lage hervor.

Eine besondere Rolle spielen bei diesen Gelegenheiten Haustiere. Auch hier heißt es: Bleiben Sie höflich, bewahren Sie die Ruhe, zollen Sie den kleinen vierbeinigen oder gefiederten Freunde Ihrer Freunde gebührende Aufmerksamkeit. Versuchen Sie zu lächeln, wenn sich der Dobermannrüde in Ihre Hose verbissen hat, und nicken Sie tapfer bei der Beteuerung seines Herrchens, daß er nicht beißt. Unterbrechen Sie Ihre Erzählungen auch dann nicht, wenn sich der Wellensittich in Ihrem Haupthaar festkrallt oder sein Federkleid in Ihren Suppenteller ausschüttelt. Man wird Ihnen Tierliebe attestieren, und ein schöneres Kompliment haben Deutsche kaum zu vergeben.

Manchmal werden Sie zum Nachmittagskaffee eingeladen. Prinzipiell empfehlen sich dieselben Verhaltensweisen wie für das Abendessen, nur daß Sie in diesen Fällen auch das von der Hausfrau oft selbst hergestellte Backwerk loben sollten. Aus nicht näher erforschten Gründen adelt der gelungene Kuchen weit mehr als der leckere Braten die deutsche Hausfrau. Der Ehrlichkeit halber muß gesagt werden, daß der deutschen Konditorkunst – ob nun professionell oder laienhaft betrieben – bemerkenswerte Kreationen gelingen.

Wie wichtig das Ritual von Kaffee und Kuchen gerade an Wochenenden ist, können Sie selbst bei einem Spaziergang am Sonntagnachmittag feststellen: In allen Städten werden Sie Menschen sehen – meist sind es Männer –, die auf der ausgestreckten flachen Hand kunstvoll verpackte Päckchen balancieren. Ihr erster Eindruck, daß es sich wahrscheinlich um Angehörige einer okkulten Sekte handelt, die feierlich Opfergaben zu einem nicht weit entfernten Altar schaffen, ist verfehlt. Es handelt sich um Familienväter, die von ihren Frauen ausgeschickt wurden, Schwäbischen (gedeckten) Apfelkuchen, Spanische Vanillecremetorte oder Schwarzwälder Kirschtorten aus der Konditorei zu holen, derweil daheim der Kaffee durch den Filter tröpfelt. Ganz daneben liegen Sie mit Ihrer Vermutung von der Sekte indes nicht, denn das Zeremoniell von Kaffee und Kuchen hat in Deutschland fast den Status einer religiösen Handlung.

Ein Wort sollten wir noch zur deutschen Trinkkultur verlieren, die allerdings sehr hinter den russischen Trinksitten hinterherhinkt. Zur ausführlich beschriebenen deutschen Wurst gehört natürlich deutsches Bier, auf das Sie sich wahrscheinlich schon vor Antritt Ihrer Reise – zu Recht – gefreut haben. Wie bei der Wurst gibt es hier gravierende regionale Unterschiede – vom bitteren Pils im Norden über das kleine Kölsch im Westen bis hin zur Mass in Bayern. Das nach dem Reinheitsgebot gebraute Bier ist neben der Deutschen Mark der zweite Grundpfeiler deutschen Nationalstolzes, an dem Außenstehende nicht gefahrlos rütteln dürfen – schon gar nicht die Eurokraten in Brüssel.

Hingegen ist auch der deutsche Wein nicht zu verschmähen – egal ob von Rhein, Main, Mosel oder Nahe. Nach der Wiedervereinigung sind jetzt auch die raren sächsischen Elbweine wieder allgemein zugänglich, die einst exklusiv der alten DDR-Nomenklatura vorbehalten waren.

Glaubt man der Statistik, dann stehen die deutschen Trinker dem russischen Zecher gar nicht so sehr nach. Im Schnitt schluckt ein Deutscher jedes Jahr 143 Liter Bier; der Durchschnittsbayer bringt es – natürlich – auf 200 Liter. Rechnet man Weine und Schnäpse hinzu, dann rinnen pro Jahr zwölf Liter reinen Alkohols durch jede bundesdeutsche Kehle – Säuglinge statistisch eingeschlossen. Umgerechnet ergibt das für jeden Erwachsenen acht Korn oder eine Flasche Wein oder zwei Liter Bier am Tag.

Bei diesen Zahlen überrascht dann auch eine andere Umfrage nicht: Aus ihr ging hervor, daß die Deutschen in ihrer Mehrheit lieber auf Sex verzichten würden als auf Alkohol. Mehr als ein Drittel der Deutschen ist demnach regelmäßig betrunken und mag sich ein Leben ohne Alkohol nicht mehr vorstellen – und schon wieder haben wir eine Parallele zwischen dem rätselhaften deutschen und dem mysteriösen russischen Volk.

## *Deutsch bis in die Mark: Das Wirtschaftswunder schließt um 18.30 Uhr*

Sehr billig wird Ihr Deutschland-Aufenthalt, wenn Sie Samstagmittag eintreffen und Ihre Weiterreise für Montagmorgen planen. Dann kommen Sie nämlich überhaupt nicht in Versuchung, Geld für Geschenke oder Souvenirs auszugeben, denn alle Geschäfte sind an diesen beiden Tagen geschlossen. Gespenstisch leer und ruhig sind die Innenstädte, nur ein paar Passanten ziehen wie versprengte Nomaden durch die Fußgängerzonen und starren auf die so nahen und doch so unerreichbaren Auslagen. Schaufensterbummel nennen die Deutschen diesen unbefriedigenden Zeitvertreib. Früher frönten sie ihm, weil sie kein Geld hatten, heute will ihnen niemand ihr Geld abnehmen, wenn sie Zeit und Lust dafür hätten.

So enttäuschend diese Erfahrung für Sie auch sein mag, Sie haben etwas daraus gelernt: Auch beim Einkaufen stoßen Sie in Deutschland mit Impulsivität und Spontaneität rasch an Grenzen. Shopping will geplant sein, denn in der Bundesrepublik ist genau geregelt, wann Sie einkaufen dürfen und wann nicht. Pünktlich um halb sieben Uhr abends schließt das Wirtschaftswunder, samstags ist mit einer Ausnahme im Monat schon um 14.00 Uhr Feierabend, und an Sonn- und Feiertagen herrscht in den Geschäftszentren Friedhofsruhe.

Pech für Sie, wenn Sie vergessen haben, rechtzeitig Milch, Butter oder Brot zu besorgen. Stellen Sie sich auf ein karges Wochenende ein. Auch an Arbeitstagen kann es eng werden für alle, die in ihrer Mittagspause Besorgungen machen wollen: Zu dieser Stunde schließen nämlich vorzugsweise viele Lebensmittelgeschäfte.

Wenn Shopping rund um die Uhr einen zivilisatorischen Quantensprung bedeutet, dann ist Moskau gemeinsam mit New York, Tokio oder London den Deutschen schon immer um mehr als einige Nasenlängen voraus gewesen. Denn selbst in Zeiten der ärgsten Defizite stand es uns frei, spontan zu fast jeder Tageszeit mit leerem Beutel loszuziehen. Kehrten wir mit leeren Händen zurück, dann jedenfalls nicht, weil das Kaufhaus GUM die Rolläden heruntergelassen hätte, sondern weil die Regale leer waren. Wenn wir heute nichts einkaufen, dann liegt es keineswegs an geschlossenen Geschäften, sondern am Defizit in unserem Geldbeutel.

Bei längerem Aufenthalt in Deutschland werden Sie zunächst fassungslos, dann mitleidig und schießlich wütend auf diese Reglementierung reagieren. Es wird Ihnen alles nichts nützen, denn an dem Ladenschlußgesetz aus den dreißiger Jahren haben sich schon ganz andere Kräfte in Deutschland die Zähne ausgebissen. Eine Allianz aus Gewerkschaften und Ladenbesitzern hält hartnäckig an der Verordnung fest. Besonders hübsch formulierte es einmal ein gewisser Jürgen Drausche, der in einem Berliner Kaufhaus in der Sportartikelabteilung arbeitet und das amerikanische *Wall Street Journal* in einem Interview mit der Feststellung verblüffte: »Wer will denn schon abends um halb neun ein Fahrrad kaufen? Das ist doch unlogisch.«

Bleiben Sie logisch und hören Sie auf Herrn Drausche. Regen Sie sich nicht auf, sondern ordnen Sie sich ein. Lernen Sie von den Deutschen, denn die sind trotz oder gar wegen der Einschränkung Weltmeister im Einkaufen. Vielleicht hält ein wohlmeinender Staat ja nur deshalb am Ladenschlußgesetz fest, weil damit der totale, der unkontrollierte Konsumrausch verhindert werden kann. So betrachtet wäre das Gesetz mit den festen Schankzeiten zu vergleichen, welche die britische Regierung einst gegen den Widerstand der Bevölkerung einführte, um die Bestie Alkohol zu zähmen.

Schon jetzt gehört das Einkaufen zu der Deutschen Lieblingsbeschäftigung. Erstaunlicherweise war dies auch das erste Feld, auf dem schon vor der offiziellen Wiedervereinigung alle Unterschiede zwischen West- und Ostdeutschen verschwanden. Vor Neckermann und Karstadt wurden alle Deutschen gleich. So mancher DDR-Bürgerrechtler mit mehr oder weniger stark empfundener sozialistischer Nostalgie hat diese Erfahrung auf den Punkt gebracht. Bärbel Bohley nannte die Vereinigung von BRD und DDR einmal bitter einen »Konsumputsch«. Und der umstrittene Ost-Schriftsteller Stefan Heym meinte resignierend, daß die einzige erfolgreiche Revolution in der Geschichte Deutschlands »unter den Grabbeltischen von Hertie begraben« worden sei.

Da sich Ossis und Wessis in ihrem Kaufverhalten kaum mehr unterscheiden, muß es sich hier um eine genetische Veranlagung handeln, die auch vierzig Jahre sozialistisch verwaltete Mangelwirtschaft nicht ausrotten konnten. Sie werden nämlich bemerken, daß der Einkauf für einen deutschen Menschen eine ernsthafte Sache ist. Das gilt vor allem für größere Anschaffungen wie technische Geräte oder Autos.

Sie sollten sich einmal den Spaß machen und als Zaungast in einem Elektrofachgeschäft dem Gespräch des Verkäufers mit dem Kunden zuhören, der eine Stereoanlage zu erwerben sucht. Schon bald werden Sie nicht mehr erkennen, wer von beiden der größere Fachmann ist. Da ist von Klirrfaktoren und Frequenzen die Rede, von Dolby, THD und Wattstärken, als ob zwei TU-Professoren miteinander fachsimpelten. Offensichtlich belegen viele Deutsche einen einschlägigen Fernkurs, bevor sie den Erwerb einer komplizierteren Apparatur ins Auge fassen.

Allerdings wird eine Anschaffung nicht immer so ernsthaft verfolgt, ebensowenig ist sie banal mit dem Erwerb eines Produktes verbunden. Vielmehr empfinden inzwischen viele Deutsche den Kauf selbst schlicht als ein Erlebnis. Studien haben ergeben, daß Warenhäuser weitaus mehr Anziehungskraft ausüben als Volksfeste oder gar Kinos. Sie rangieren ganz oben auf der Liste städtischer Freizeitangebote. Wer das mühselige Jäger- und Sammlerdasein des sowjetischen Verbrauchers kennengelernt hat, wird es zwar nur schwer verstehen, aber ein Ausflug mit der ganzen Familie ins örtliche Einkaufszentrum gehört zu den Höhepunkten des Jahreslaufes. An verregneten Sonntagen werden Sie mehr Deutsche in Möbelhäusern als in Museen finden – denn Einrichtungsgeschäfte dürfen als einzige am Tag des Herrn ihre Pforten öffnen. Zum Probewohnen, versteht sich, nicht zum Verkauf.

Wenn Sie nicht einschlägige Erfahrungen etwa bei der Evakuierung eines Bürgerkriegsgebietes oder als Großwildjäger bei einer Büffelstampede gemacht haben, dann vermeiden Sie einen Besuch deutscher Innenstädte vor langen Wochenenden oder vor Feiertagen. Dann nämlich ergibt das enge Zusammenspiel von Kauflust und Ladenschlußzeiten einen Run auf die Kaufhäuser, bei dem nur die Alten, Kranken und Gebrechlichen in den verwaisten Außenbezirken zurückgelassen werden. Der Gedanke zwei, drei Tage lang nichts einkaufen zu können, feuert den deutschen Konsumenten zu Höchstleistungen an. Vor allem Lebensmittel werden in Mengen abgeschleppt, als gelte es, Notrationen für das Überleben in einem langen nuklearen Winter einzubunkern.

Erschwerend kommt wohl der deutsche Hang zur Perfektion hinzu. Nichts, rein gar nichts darf vergessen werden. Es könnte ja sein, daß Tante Martha am Ostermontag vorbeischaut, und die Kaffeesahne ist ausgegangen. Wie stünde man dann vor ihr da? Als unordentlich, nachlässig und vergeßlich. Sie mögen darüber lächeln und an unsere russische Gelassenheit und Improvisationskunst denken. Sie sind vielleicht der Meinung, daß es größere Katastrophen im Leben gibt, als Kaffee ohne Milch. Das ist schon richtig, aber haben wir nicht immer die Deutschen ein wenig um ihre Perfektion beneidet? Nun, die fängt im Kleinen an und hat genauso ihren Preis wie unser Schlendrian.

Apropos Lebensmittel: Oft werden Sie deutsche Freunde lamentieren hören, daß es keinen Tante-Emma-Laden mehr gibt. Das bezieht sich nicht auf ein Familienmitglied zweiten Grades, sondern auf einen Typus von kleinem Gemischtwarenladen, den es in grauer Vorzeit einmal in Deutschland gab und der in der kollektiven Nationalerrinnerung unweigerlich von freundlichen alten Muttchen mit ergrautem Haarknoten betrieben wurde. Den Garaus machten diesen Geschäften Supermärkte und deren Kunden (darunter vermutlich auch Ihr Freund), die es vorzogen, einmal in der Woche mit dem Auto zum billigen Großeinkauf vorzufahren, anstatt sich tagtäglich in einem vollgestopften dunklen Krämerladen die Grundnahrungsmittel zusammensuchen zu müssen.

Dennoch hat die romantische deutsche Seele Tante Emma und ihrem Laden einen verklärten Ehrenplatz reserviert – irgendwo zwischen verwunschenen Märchenwäldern und verwinkelter Biedermeieridylle. Wahrscheinlich steckt dahinter die Sehnsucht nach einer verlorenen Unschuld, ebenso wie in den Erzählungen von der Toto/Lotto-Annahmestelle, mit der früher Fußballspieler nach ihrer Aktivenzeit ihr Leben fristeten. Nehmen Sie solche romantischen Wallungen nicht zu ernst. Auch Ihr Freund weiß, daß Bundesligaspieler heute schon mit Mitte Zwanzig Aktienportfolios in Millionenhöhe bewegen und daß auf Tante Emma längst Onkel Hüsein gefolgt ist, der türkische Gemüsehändler, der knallhart die Marktnische mit dem ungespritzten Ökoobst verteidigt.

In den meisten deutschen Städten befinden sich die Kathedralen des Konsums in den Fußgängerzonen. Keine Angst, Sie brauchen nicht zusammenzuzucken. Das Wort Zone hat im Deutschen nicht denselben Klang wie bei uns, wo mit diesem Begriff Strafkolonien nördlich des Polarkreises oder radioaktiv verseuchte Gebiete bezeichnet werden. (Übrigens: Umgekehrt verhält es sich mit dem Wort Lager, das im Deutschen negativ besetzt ist. Um keinen falschen Eindruck zu erwecken sollten Sie es vermeiden, davon zu sprechen, daß Sie Ihre schönsten Kindheits- und Ferienerinnerung mit einem Arbeitslager auf der Krim oder im Kaukasus verbinden.)

Kommen wir zurück zu den Fußgängerzonen. Sie wurden ab Ende der sechziger Jahre in den Innenstädten eingeführt, weil die Stadtväter des Verkehrs nicht mehr Herr wurden. Was als Neuheit angepriesen wurde, war nichts anderes als die Rückkehr zu jenen Zeiten, in denen das Stadtzentrum dem Fußgänger allein gehörte, auf daß er in Ruhe und ungestört seine Einkäufe erledige.

Wenn Sie sich eine Zeitlang in einer Einkaufsgegend umgesehen haben, werden Sie nach einem Blick auf das Sortiment der Geschäfte zwangsläufig zur Überzeugung gelangen, daß die Deutschen ein Volk hypochondrischer, koffeinsüchtiger Schuhfetischisten sind. Denn jeder zweite Laden scheint eine Apotheke zu sein, jeder dritte ein Schuhgeschäft, und dazwischen sind großzügig Stehausschänke gestreut, wo von früh bis spät Kaffee getrunken wird.

Obwohl sie sich eigentlich gegenseitig Geld und Kunden abgraben und sie zudem Opfer einer Gesundheitsreform wurden, leben die Apotheker nach wie vor sehr gut. Denn der Kundenstrom reißt nie ab, weil nichts für den Deutschen außer der Kneipe eine größere Anziehungskraft zu haben scheint als die Apotheke. Hier vermutet er offenbar den Gral ewiger (oder meinethalben nur langjähriger) Schönheit, Jugend und Gesundheit. Der Apotheker selbst ist eine studierte Respektsperson wie der Arzt, er genießt Vertrauen, und auch er trägt einen weißen Kittel, aber er ist zugänglicher, und man kann ihn ohne lange vorher vereinbarten Termin aufsuchen.

Warum es allerdings derart viele Schuhgeschäfte gibt, ist eines der großen ungelösten Rätsel unserer Zeit. Es wird noch vertracker durch die Tatsache, daß die Deutschen – wie wir bereits gesehen haben – ihre Füße ohnehin kaum mehr zum Gehen benutzen.

Da die meisten Fußgängerzonen nach einem einheitlichen Schema verwirklicht wurden, erkennen Sie sie nicht nur daran, daß der Autoverkehr aus diesen Straßen verbannt ist, sondern auch an gewissen Stilelementen. An erster Stelle seien hier begrünte Pflanzschalen aus Waschbeton genannt, die aus einer zentralen Produktionsstätte zu stammen scheinen, neben Stehcafés, Wurstbuden, quer gestellten Glasvitrinen, und den Fassaden der in den Jahren des Wiederaufbaus nach dem Krieg eilig hochgezogenen Konsumtempel der Großkaufhäuser.

Diese Zonen sind entgegen iher irreführenden euphemistischen Bezeichnung als »gute Stube der Stadt« in den seltensten Fällen gemütlich, erst recht nicht mehr nach Ladenschluß, wenn sich gespenstische Leere und Stille herabsenken. Nicht viel anders verhält es sich am hellichten Tag, wenn die Käufermassen durch die Straßen wogen. Erwarten Sie nicht, daß Sie sich in einem ruhigen Strom freundlicher Flaneure dahintreiben lassen können. Wer nur wenige Stunden für seine Einkäufe hat, besitzt zum ziellosen Schlendern nicht die Muße; außerdem liefe solches Gebaren dem ziel- und ergebnisorientierten deutschen Nationalcharakter zuwider.

Die Folge ist eine Situation, die an Straßengefechte in

einer umkämpften Stadt gemahnen, für die Sie als Russe jedoch trefflich gerüstet sind: Denn die Deutschen rempeln, drängeln und schieben in ihren Fußgängerzonen wie unsereins in Moskaus Twerskaja. Sie können sich getrost wie zu Hause fühlen und benehmen – auch hier entschuldigt sich kaum jemand dafür, daß er ihnen im Vorbeigehen drei Zehennägel abgequetscht oder mit einer Schirmspitze Ihr Trommelfell perforiert hat.

Fußgängerzonen eignen sich zudem trefflich für die Beobachtung einer deutschen Spezialität: des Gomorrhablicks. Er ist nach Lots Weib benannt, die beim Anblick von Gomorrha zur Salzsäule erstarrte. Die deutsche Variante kommt diesem Ergebnis recht nahe, denn der in Sekundenbruchteilen aktivierte und losgeschleuderte Gomorrhablick soll den derart Angestarrten vernichten. Ich habe eine private Theorie, daß zu germanischen Zeiten Störenfriede vom Häuptling mit diesem Blick aus dem Stamm verstoßen wurden. Auf wundersame Weise wurde dieser Blick genetisch vererbt, und heute hat ihn jeder Deutsche ständig für jene parat, die seinen hohen Erwartungen im öffentlichen Leben nicht entsprechen – sei es, daß sie bei Rot über die Straße gehen, sei es, daß sie eine grüne Flasche in den Braunglasbehälter werfen, sei es, daß sie im Fußgängerstrom unvermittelt stehenbleiben oder unerwartete Haken schlagen.

Zweimal im Jahr herrschen in diesen »guten Stuben« deutscher Städte bürgerkriegsähnliche Zustände, zweimal im Jahr mustert der deutsche Konsument all seine Kräfte, gibt Marschbefehle und Einsatzorders an seine Familienmitglieder aus und zieht generalstabsmäßig in die Einkaufsschlacht. In diesen Zeiten sind die Straßen mit Transparenten geschmückt wie seinerzeit bei uns nur zum Jahrestag der Oktoberrevolution oder zum ersten Mai. Unverständlich sind die Parolen für den Uneingeweihten, wie ein Mantra werden sie allerorten wiederholt: WSV und SSV.

Dahinter verbergen sich keine politischen Parteien, sondern die verheißungsvollen Worte Winterschlußverkauf und Sommerschlußverkauf. Regelmäßig zum Ende der Winter- beziehungsweise der Sommersaison stoßen die Einzelhändler zu Schleuderpreisen jene Kollektionen ab, die in der nächsten Saison ohnehin kein Modebewußter mehr tragen würde, um Platz für die neue Ware zu schaffen. Für den Deutschen sind WSV und SSV Fixpunkte im Kalender, weil er hier neben seiner Kauflust noch einer zweiten Leidenschaft frönen kann: billig einzukaufen, Geld zu sparen oder – wie es putzig auf deutsch heißt: ein Schnäppchen zu machen.

Wer einmal am ersten Tag des Schlußverkaufes das Publikum am passenderweise so bezeichneten Wühltisch eines Kaufhauses beobachtet hat, der wird nichts mehr von der steifen, zurückhaltenden Art bemerken, die dem Deutschen in unseren Breiten gerne nachgesagt wird. Wie da um Damenunterwäsche oder Herrensokken gebalgt wird, das erinnert viel eher an die Plünderung eines südrussischen Dorfes durch eine Tatarenhorde. Vielleicht hatte die englische Kriegspropaganda dieses Bild vor Augen, als sie den Deutschen das Etikett »Hunnen« verpaßte.

Der Schlußverkauf ist allerdings der rituelle Höhepunkt der Schnäppchenjagd. Sie findet das ganze Jahr über statt und ist in Deutschland zu einem Volkssport geworden. Wer sich nicht an ihr beteiligt, wird oft ganz offen als geistig zurückgeblieben eingestuft. Als Grundregel gilt dabei: Entscheidend ist nicht, was man kauft, sondern wieviel man spart – und sich dessen rühmt. Von dieser Sparsamkeit profitieren mittlerweile ganze Zweige der Volkswirtschaft: sogenannte Discounter, die immer alles billiger anbieten; Verlage, die »Schnäppchenführer« auf den Markt werfen, in denen Hunderttausende von Lesern »Geheimtips« über besonders preiswerte Bezugsquellen erhalten; und Dienstleistungsunternehmen, die gegen ein Erfolgshonorar für bequemere Zeitgenossen bundesweit nach dem preiswertesten Kühlschrank fahnden.

Der wahre Jäger indes verschmäht solche Hilfestellung und macht sich selber auf die Pirsch. An der Jagd beteiligen sich längst nicht nur Menschen mit kleinem Einkommen, sondern auch Gutverdienende, die sich eigentlich jeden Preis leisten könnten. Doch für sie ist es ein Triumph, etwas Wertvolles unter Preis bekommen zu haben, analysierte der Chef einer Werbeagentur das »neue Gesellschaftsspiel«. »Mit dem Schnäppchen dokumentiert der Käufer, daß er gewitzt und schlau ist – das macht den Kauf erst sexy.«

Aber vielleicht suchen Sie während Ihrer Zeit in Deutschland selbst ein wenig Erotik beim Kauf. In diesem Fall bitte ich Sie, folgenden Hinweis zu beherzigen: Bevor Sie zum Shoppingbummel aufbrechen, sollten Sie sich darüber klarwerden, daß ein Einkauf in deutschen Geschäften nur für Freunde masochistischer Praktiken einen Lustgewinn birgt. Vor allem jener, der Freude an der Demütigung hat, kommt in Kaufhäusern zwischen Flensburg und Berchtesgaden zweifellos auf seine Kosten.

Falls Ihnen diese Bemerkungen vertraut vorkommen, dann liegen Sie genau richtig. Kurz gesagt: Sie müssen sich als gelernter Sowjetkonsument nicht groß umstellen – in der Servicekomponente unterscheiden sich der Gastronom in Solnzewo und der Großmarkt in Stuttgart nur unerheblich. Der Kunde ist zunächst einmal ein lästiger Bittsteller, und entsprechend wird er von König Verkäufer abgefertigt. »Willig soll der Kunde sein, duldsam und still«, beschrieb es einmal eine deutsche Zeitschrift. »Motto: Maul halten, zahlen.«

Es muß schon eine sehr exklusive Boutique sein, und Sie außergewöhnlich schick gekleidet, wenn Sie beim Betreten des Ladens mit einem strahlenden Lächeln begrüßt werden wollen. Als Normalkäufer in einem Durchschnittswarenhaus läßt man Sie hingegen sehr oft spüren, daß Sie ein Störenfried sind. Es herrscht Krieg an den Kassen, Terror an den Tresen.

Das gilt vor allem, wenn Sie kurz vor Ladenschluß kommen und unter Umständen einen besonderen Wunsch, eine Frage haben. Dann beginnt nämlich das Spiel »Wer hinguckt, hat verloren«, formulierte es ein sogenannter Personaltrainer, dessen Aufgabe es ist, Verkaufspersonal kundenfreundlich zu schulen. »Die Verkäuferin, die dem Kunden als erste in die Augen blickt, muß ihn auch bedienen.«

Lassen Sie sich jedoch von diesen Schilderungen bitte nicht ins Bockshorn jagen. Zum einen werden Sie sich aufgrund Ihrer eigenen Lebenserfahrung in diesem Umfeld besser zurechtfinden als vielleicht ein vom Leben und von Verkäufern verwöhnter amerikanischer Deutschland-Tourist; und zum anderen gibt es zum Glück lobenswerte Ausnahmen. Vorwiegend in kleineren Geschäften, zumal in kleineren Städten oder auf dem Lande, werden Sie zuvorkommend bedient und beraten.

Zu kaufen finden Sie einfach alles, was Ihr Herz begehrt. Heute sind die Unterschiede im Konsumangebot zwischen St. Petersburg und Paderborn nicht mehr so groß. Dennoch werden Sie in Deutschland in der Luxussparte ein Angebot antreffen, das nicht einmal ein tschetschenischer Unterweltkönig in Moskau fände. Den Mafiaboß und seine Begleitung werden Sie vermutlich beim Juwelier an der Düsseldorfer Königsallee oder beim Herrenausstatter in der Münchner Maximilianstraße treffen. Zentrum des neureichen russischen Einkaufstourismus aber ist Berlin, wo viele Läden der oberen Kategorie schon russischsprachige Verkäufer eingestellt haben.

Aber auch in den Import-Export-Geschäften, die Sie in Hamburg in Hafennähe, in Berlin in der Kantstraße und in München rund um den Hauptbahnhof finden, werden Sie vertraute Laute hören: Es sind oft Polen, Ukrainer, Weißrussen oder eigene Landsleute, bei denen Sie hier preisgünstig eine Bohrmaschine, einen Computer oder einen Videorecorder erstehen können. Woher die Ware kommt, sollte Sie dabei ebensowenig interessieren wie der soziale Background der Ladeninhaber oder die Echtheit der Dreijahresgarantie für die neuwertige Rolex.

## *Freie Fahrt für freie Bürger: Eine deutsche Schicksalsgemeinschaft*

Bevor Sie dieses Kapitel lesen, sollten Sich sich besser anschnallen. Erstens ist das beim Autofahren in Deutschland sowieso zwingend vorgeschrieben; zweitens wird Ihnen wahrscheinlich schon bei der Lektüre Hören und Sehen vergehen. Gleichwohl rate ich Ihnen dringend, sich gründlich theoretisch vorzubereiten und seelisch zu stärken, bevor Sie sich selbst in den Verkehr auf Deutschlands Straßen stürzen.

Jetzt werden Sie wahrscheinlich Protest einlegen. Was, so werden Sie sagen, kann grauenhafter sein als der Verkehr in Rußland. Was könnte gefährlicher und unsicherer sein als der Zustand unserer Straßen und Fahrzeuge, von den oft alkoholisierten und gemeingefährlich aggressiven Lenkern einmal ganz abgesehen? Wo sonst mangelt es der Verkehrspolizei so sehr an Lust oder an Mut, wenigstens die schlimmsten Sünder aus dem Verkehr zu ziehen? Gibt es noch ein zweites Land, wo nackter Darwinismus an die Stelle der Straßenverkehrsordnung getreten ist? Mir, so werden Sie sagen, mir wollen Sie Angst einjagen, der ich im täglichen Überlebenskampf auf den schlaglochzerfressenen Straßen von Moskau oder St. Petersburg gestählt bin?

Gemach, gemach. Sie haben schon recht: An Brutalität ist der russische Autofahrer, der seine tiefsten anarchischen Instinkte hinter dem Steuer auslebt, nicht so leicht zu übertreffen. Außerdem haben Sie schon auf der Fahrt vom Flughafen einen ersten positiven Eindruck von den deutschen Verhältnissen gewonnen: Die Straßen sind sauberer und glatter als die Parkettböden im Kreml, die Autos scheinen allesamt gerade vom Band gerollt und in erstklassigem technischen Zustand zu sein, und die Fahrer halten sich mit geradezu irritierender Korrektheit an die Vorschriften und Regeln. Was kann da schon groß geschehen?

Allerdings, und nun kommen wir der Sache schon näher, werden Sie auf der Fahrt in die Stadt auch einen Blick auf den Tachometer riskiert und dabei bemerkt haben, daß Ihr Fahrer mit dem unerhörten Tempo von 160 Kilometern in der Stunde unterwegs war – mithin eine Geschwindigkeit, die Sie bislang nur mit dem sowjetischen Kosmosprogramm in Verbindung gebracht haben dürften. Erstmals in Ihrem Leben ist Ihnen bewußtgeworden, daß die Geschwindigkeitsangaben auf dem Tacho mehr sind als angeberischer Zierat. Mit solchem Tempo fuhr nicht einmal Gorbatschow in seinem SIL in den Kreml, weil nämlich die Frostschäden im Asphalt selbst vor der Bonzenspur keinen Respekt hatten. Also, vielleicht sollten Sie doch weiterlesen.

Was Sie zunächst wissen müssen, ist die Tatsache, daß der Deutsche aus einem nicht näher bekannten Grund sich für den besten und routiniertesten Autofahrer auf den Highways dieser Welt hält. Daß sich solch ein Selbstverständnis nicht von heute auf morgen entwickeln kann, ist klar; dennoch wird es Sie überraschen, wie weit zurück in die Geschichte die Wurzeln der deutschen Automobilerotik reichen. Es war im Jahr 1907, als ein deutscher Kommentator schrieb: »Wenn auch im leichtlebigen Frankreich der Automobilismus viel schneller emporgeblüht ist als in dem immerhin vorsichtigen Deutschland, so ist dennoch das Automobil, der Automobilismus eine gute deutsche Sache.«

Das sind beide – die Sache und die Ideologie – bis heute geblieben. Für den Deutschen ist sein Wagen nicht einfach ein Gebrauchsgegenstand, er empfindet tief, fast möchte man sagen zärtlich für das Automobil. Er pflegt es, er putzt es, er fährt es regelmäßig zur Vorsorgeuntersuchung, TÜV genannt, und wenn er einen Kratzer im Blech entdeckt, dann reagiert er wie ein Orientale, dessen Frau von einem Fremden belästigt wird. Für seinen fahrbaren Untersatz bringt er sogar finanzielle Opfer: Auf eine Benzinpreiserhöhung reagiert er damit, daß er sich das Essen vom Munde abspart. All das sollten Sie wissen, ungeachtet dessen, ob Sie sich in Deutschland selbst ans Steuer setzen wollen: Wenn Ihnen Freunde Ihr Auto vorführen, dann halten Sie nicht mit Lob hinter dem Berg. Man wird es Ihnen danken.

Der Deutsche und sein Auto, das ist eine Romanze, mehr noch: eine Schicksalsgemeinschaft, die nur der Tod scheidet, was oft genug der Fall ist. Dem Auto ordnet der deutsche Mensch sich unter, vom Auto läßt er sich regieren: Ein Wochenmagazin ging sogar einmal so weit zu schreiben, daß die eigentliche Bundesregierung eine große Koalition aus BMW-Fahrern und ADAC-Mitgliedern sei. Was ein BMW ist, das wissen Sie mittlerweile, da diese Marke nun auch schon in der russischen Provinz verkauft wird.

Das Kürzel ADAC kennen Sie vermutlich nicht. Es steht eigentlich ganz schlicht für Allgemeiner Deutscher

A · Ω

Automobil Club. Aber wenn Sie nun glauben, daß sich dahinter ein Verein von Motorsport-Enthusiasten verbirgt oder eine Selbsthilfegruppe von Autofahrern, die – wie Sie es von zu Hause und von früher gewohnt sind – am Wochenende Ersatzteile und Tips zur Reparatur austauschen, dann liegen Sie gründlich daneben. Der ADAC ist die wahrscheinlich mächtigste Lobby des ganzen Landes, denn er hat mit den Millionen von Mitgliedern die größte, überparteiliche Wählergruppe hinter sich. Vor ihm zittern Kabinette und Unternehmen, an ihm scheitern Umweltschützer und Weltverbesserer. Gegen den ADAC und seine publizistischen Verbündeten vom Massenblatt *Bild* lassen sich weder Tempolimits noch Fahrverbote bei Smogalarm, noch irgendeine andere Beschränkung des automobilen Individualverkehrs durchsetzen. Der ADAC hat vermutlich mehr Macht, als die KPdSU in ihren späten Jahren, und im heutigen Rußland würde er Armee und Geheimdienst in den Schatten stellen und absolut herrschen.

Mit einer solchen Rückendeckung fällt es dem Deutschen leicht, seine Leidenschaften nach Herzenslust auszuleben. Denn für das Auto ist er sogar bereit, wie ein frisch Verliebter jeden Unsinn zu begehen. Es ist dies auch einer der seltenen Fälle, in denen der Deutsche keine logische Begründung für sein Handeln braucht. Wie sonst wäre es zu erklären, daß sich dieses ansonsten so reglementierte und nüchterne Land als praktisch einziger Staat der Welt den Luxus von Schnellstraßen leistet, auf denen jeder mit der Geschwindigkeit fahren darf, die sein Motor hergibt. Diese große Freiheit verdanken die Deutschen übrigens, was barmherzigerweise in Vergessenheit geraten ist, ihrem großen Führer.

Adolf Hitler, der nicht nur Schäferhunde, sondern auch Automobile liebte, schaffte als eine seiner ersten Amtshandlungen nach der Machtergreifung 1933 die damals geltenden Geschwindigkeitsbegrenzungen ab.

Seitdem gilt die Maxime »Freie Fahrt für freie Bürger«. Dieser Kampfruf hat noch jede Bundesregierung zum Schweigen gebracht, falls sie jemals über die Einführung von Geschwindigkeitsbegrenzungen auf Autobahnen nachdachte. Die deutsche Autolobby, zu der neben dem ADAC die Titanen des Autobaus in Wolfsburg, Stuttgart und München gehören, dürfte mehr Einfluß besitzen als die russische und amerikanische Rüstungsindustrie gemeinsam. Am ehesten ist sie wohl mit der *US National Rifle Association* zu vergleichen, die das Recht eines jeden Amerikaners auf seine Schußwaffe verteidigt. Kein Wunder: In der deutschen Automobilindustrie und ihren Zulieferbetrieben sind Millionen von Menschen beschäftigt; 38 Millionen Fahrzeuge sind in Deutschland zugelassen, und jedes Jahr werden es mehr.

Wohin der Rausch der Geschwindigkeit führt, können Sie am eigenen Leib erfahren, wenn Sie mutig genug sind, einmal selbst auf einer deutschen Autobahn zu fahren. Zaghaft dürfen Sie nicht sein, denn sonst schaffen Sie nicht einmal die Einfahrt auf die rechte Spur, wo die vermeintlich langsamen Fahrzeuge heranbrettern. Haben Sie sich glücklich eingefädelt, dann ersparen Sie sich den Blick auf den Tacho. Auch wenn Ihre Stirn und Hände schweißnaß sind – Sie fahren sowieso zu langsam. Sie bemerken das spätestens dann, wenn Sie der erste Tanklastzug oder Ausflugsbus überholt hat. Sollten Sie bei dieser Gelegenheit einen Blick nach links riskieren, dann sehen Sie in ein Gesicht voller Spott und

Fassungslosigkeit. Spott, weil man mit Ihnen offensichtlich eine Memme auf die Straße gelassen hat; Fassungslosigkeit, weil man vom Fahrer eines Wagentyps wie des Ihren mehr erwartet hätte.

Der Wagentyp ist ganz entscheidend. Denn auf Deutschlands Straßen gilt – wie bei uns – das Motto Autos machen Leute. Um Ihnen das mit einem anschaulichen Beispiel zu verdeutlichen: Lassen Sie Ihren Schiguli oder Moskwitsch lieber daheim. Fahrzeuge dieser Provenienz rangieren im hierarchisch aufgebauten Kastenwesen noch hinter den Parias, also Kleinwagen westlicher Herkunft. Besonders schmerzlich erfuhren dies Ostdeutsche nach der Wende, als sie sich erkühnten, mit ihrem Zweitakt-Trabants die Autobahnen zu benutzen. Sie wurden gnadenlos gejagt, weil ja – so die einleuchtende Begründung eines Mercedesfahrers – auch Rasenmäher nichts auf der Schnellstraße verloren haben. Heute finden Sie Trabbis nur noch im Museum oder zum Blumenkübel umgerüstet im Vorgarten.

Die Gleichung ist einfach: Wer ein großes Auto fährt, hat Geld, wer Geld hat, hat Macht, wer Macht hat, hat Vorfahrt. Weil aber weder die deutsche Autoindustrie noch die Banken mit kulanten Krediten für den Erwerb eines Kraftfahrzeuges geizen, schleicht sich unversehens ein egalitärer, ja fast anarchischer Zug in diese Klassengesellschaft. Kurz gesagt: Weil niemand sieht, ob der Fünfer-BMW auf Pump gekauft ist, können sich auch Habenichtse einmal im Leben zu Herren der Straße aufschwingen.

Jede Klassengesellschaft hat, wem sage ich das, ihren Klassenkampf. In Deutschland wird er auf der Autobahn ausgetragen. Tatsächlich ist es oft so, daß sich ein ausgeglichener deutscher Doktor Jekyll im Handumdrehen in einen – im doppelten Wortsinn – rasenden Mister Hyde verwandelt, sobald er sich hinter das Steuer setzt. Hüten Sie sich also, mit einem eher popeligen Modell die Überholspur zu benutzen. Sie können sicher sein, daß unversehens mit 200 Stundenkilometer ein BMW, Porsche oder Audi Turbo aus dem Horizont hervorschießt, dem Sie den Weg versperren. Er wird Ihnen sehr schnell mit der Lichthupe zeigen, wo Sie hingehören. Denken Sie daran, daß der Klügere nachgibt, und machen Sie den Weg frei. (Strenggenommen ist die Lichthupe verboten, der deutsche Rechtsstaat ahndet ihren Einsatz als Nötigung. Statt dessen hat sich die vermeintlich dezentere, in Wirklichkeit aber penetrante Methode durchgesetzt, wonach das auffahrende Auto den linken Blinker betätigt. Auf diese Weise soll wahrscheinlich angedeutet werden, daß der schnellere Wagen bald auf dem Mittelstreifen an Ihnen vorbeiziehen wird, falls Sie sich nicht schleunigst in die rechte Fahrspur scheren, wo Sie von Rechts wegen hingehören.)

Früher oder später wird die freie Fahrt dieses freien Bürgers sowieso ein abruptes Ende finden – entweder weil ihn ein Vordermann partout nicht passieren lassen will, weil er in einen Stau gerät oder weil für das nächste Teilstück der Strecke eine Höchstgeschwindigkeit vorgesehen ist. In Deutschland herrscht nämlich die bizarre Situation, daß die Auseinandersetzung um das Tempolimit eigentlich völlig grundlos alle Züge eines mittelalterlichen Glaubensstreites trägt. Die Kontrahenten benehmen sich, als ob sie im Falle einer Niederlage mit ewiger Verdammnis oder wenigstens mit dem Tod auf dem Scheiterhaufen rechnen müßten. Doch die ganze

Aufregung konzentriert sich auf nicht mehr als 1,4 Prozent des deutschen Straßennetzes. Auf allen anderen Strecken gelten nämlich bereits Tempolimits. Mit anderen Worten: Es geht um ein paar hundert Kilometer, die scheibchenweise über die ganze Republik verteilt sind.

Jede große Liebesaffäre trägt auch masochistische Züge, und das Verhältnis der Deutschen zum Auto ist da keine Ausnahme. Denn strenggenommen macht Autofahren in Deutschland keinen Spaß mehr. Es ist ein teures Vergnügen, und das Wort von der »Melkkuh Autofahrer« gehört schon lange zum propagandistischen Standardrepertoire des ADAC. Hinzu kommt eine unübertroffene Reglementierungssucht. Der Gesetzgeber versucht, jede irgend mögliche Verkehrssituation vorauszuahnen und diese prophylaktisch in eine Vorschrift zu gießen. Auf diese Weise hat man dem deutschen Autofahrer jegliche Flexibilität und Improvisationskunst aberzogen.

Mittlerweile traut man ihm überhaupt keine Eigeninitiative mehr zu. Als im Zuge der Wiedervereinigung der DDR-spezifische grüne Pfeil übernommen werden sollte, der ein Abbiegen nach rechts auch bei roter Ampel ermöglicht, protestierte ein bayerischer CSU-Politiker: Hier werde dem Autofahrer eine eigene Entscheidung abverlangt, die ihn wahrscheinlich überfordern werde. Wer weiß, vielleicht kannte der Herr aus Bayern seine Landsleute recht gut.

So richtig aber genießt der Deutsche den süßen Schmerz des Liebeskummers erst im Stau. Sicher, solche Verkehrsengpässe gibt es auch anderswo. Inzwischen hat sogar Moskau, wo es früher höchstens Fußgängerstaus vor dem Lebensmittelladen gab, in dieser Hinsicht aufgeholt. Aber nirgendwo ist der Stau so philosophisch überhöht worden wie zwischen Ostsee und Alpenrand. Eigentlich ist es ein Fall weniger für den Verkehrsexperten als für den Psychiater. Denn es scheint, als ob die Deutschen es genössen, in einen Stau zu geraten. Vielleicht empfinden sie ihn als fröhlich auferlegte Selbstkasteiung, als Buße für die lustvoll-sündige freie Fahrt.

Wie sonst wäre es zu erklären, daß Millionen von Menschen an jedem schönen Wochenende, vor jedem Ferienbeginn wie auf Kommando die kleinen und die großen Städte verlassen, nur um draußen auf dem Land am gemeinsamen Stauerlebnis teilzuhaben. Kehrt ein Deutscher von einer langen Autofahrt heim, dann wird er stolz die überwundenen Engpässe und Baustellen aufzählen, wie ein Kriegsveteran die siegreichen bestandenen Schlachten: Kasseler Kreuz und Irschenberg, der Ruhrschnellweg und die A9 nördlich von Nürnberg.

Von Jahr zu Jahr länger werden die Blechwürmer, in die sich immer zahlreicher Fahrer aus den deutschen Nachbarstaaten auf ihrer Reise zum Ferienort einreihen. Der Ausbau der Autobahnen von vier über sechs auf acht Spuren hat nur insofern etwas geändert, als dadurch die Staus breiter wurden. Mit kaum verhohlener morbider Lust hat ein Verkehrsexperte einmal das Innenleben eines Staus beschrieben: »Stoßstange an Stoßstange stehen etwa 240 Fahrzeuge je Kilometer im Stau. Angenommen, in jedem Auto sitzen drei Leute, dann wären auf einer Länge von 50 Kilometern 36000 Menschen betroffen, die vielleicht über Tage hinweg versorgt werden müßten.« Ohne es zu wissen, hat der brave Mann ein Exposé für einen Katastrophenfilm aus deutscher Produktion erstellt.

Sie sehen schon: Eigentlich gehört ein Stau zu den deutschen Sehenswürdigkeiten, die man sich nicht entgehen lassen sollte. Da ich jedoch annehme, daß es Ihnen völlig reicht, einen Stau im Fernsehen zu betrachten, sollten Sie ein paar einfache Verhaltensmaßregeln beherzigen.

Planen Sie Ihre Ausflüge antizyklisch. Das ist einfacher, als es sich anhört. Sie müssen dazu nur wissen, daß die Mehrzahl der Deutschen an Wochenenden und vor Feiertagen von einem triebhaften Zwang befallen werden, das Weite zu suchen. Das Phänomen, der Fachmann spricht hier vom sogenannten Gedrängefaktor, ist aus der Tierwelt bekannt, wo es unter anderem Lemminge dazu treibt, kopflos in alle Richtungen davonzustürmen, notfalls sogar in den Tod.

Überlassen Sie die Lemminge getrost ihrem Schicksal und bleiben Sie statt dessen zu Hause. Die großen Städte werden Ihnen fast allein gehören: keine Schlangen vor den Kassen der Sehenswürdigkeiten, kein Gedränge in den Museen und Galerien, freie Plätze in Eisdielen und Restaurants. Wenn Sie sich dann genüßlich einen zweiten Espresso bestellen, müssen Sie nur kurz an die Abertausende draußen auf der Landstraße denken, die sich schrittweise ihrem Ziel nähern, und Ihr Glücksgefühl ist vollkommen.

Diese Momente reinen Glücks werden an solchen Tagen durch einen weiteren Umstand gesteigert: Es gibt auch wenig Radfahrer, jene moderne Geißel deutscher Innenstädte, Nemesis argloser Fußgänger. Jetzt werden Sie vermutlich schon wieder stutzen. Radfahrer sollen gefährlich sein, eine Art Gottesstrafe gar? Nun, Sie denken sicherlich an unsere heimischen Fahrräder. Aus Gußeisen schienen sie zusammengeschweißt, und im allgemeinen benutzten sie die Kolchosniki auf dem Weg zum Kuhstall. Die einzige Gefahr drohte hier dem Fahrer selbst, wenn er nämlich auf dem Feldweg stürzte und unter dem knapp tonnenschweren Gefährt begraben wurde.

In Deutschland hingegen ist Radfahren eine brisante Mischung aus versuchtem Totschlag, Lust am Suizid und einer inbrünstig ausgelebten Weltanschauung. Zunächst einmal haben die auf deutschen Straßen und Gehwegen (!) verkehrenden hochgerüsteten Fahrräder mit ihren Titanrahmen, genoppten Breitwandreifen und ausgereiften Gangschaltungen nichts mehr mit den armen sowjetisch-russischen Drahteseln gemein. Was den Geschwindigkeitsrausch betrifft, so scheinen viele deutsche Pedalritter ihr Rad mit einer Harley-Davidson zu verwechseln – womit sie eben sich selbst und Fußgänger in Gefahr bringen.

Ganz wesentlich ist indes das weltanschauliche Element. Weil Sie außer ein paar Tropfen Öl für die Kette keine Rohstoffe verbrauchen, halten sich nämlich viele Radfahrer schlicht für bessere Menschen. Ähnlich wie die Fortbewegung mit dem Auto ist auch das Radfahren in Deutschland mehr als ein banales Mittel, um sich von Punkt A nach Punkt B zu bewegen. Ein kompliziertes ideologisches Denksystem wird auf Sattel und Lenker errichtet. Wie die meisten Werke deutscher Philosophen läßt sich auch diese Weltanschauung auf einen einfachen Punkt bringen: Wer Auto fährt, der billigt auch Tschernobyl, französische Atomtests und die Rodung des Regenwaldes; Radfahrer sind die kleinen Helden unserer Zeit, die Retter und Bewahrer unseres Planeten, Greenpeace im grauen Alltag gewissermaßen.

Diese Weltanschauung hat insofern einen Fehler, als in ihr kein Platz für Fußgänger ist. Sie drängeln sich in der immer kleiner werdenden Nische zwischen Auto und Rad. Dafür haben die Radfahrer schon ihren eigenen Verband – den ADFC. Richtig, dieser Allgemeine Deutsche Fahrradclub hat sich keinen geringeren als den schon erwähnten ADAC zum Vorbild erkoren. Die Erfahrungen der ersten Jahre zeigen, daß die Rad- den Autofahrern erfolgreich nacheifern.

Aber kehren wir zurück zum empfohlenen antizyklischen Verhalten. Umgekehrt sollten Sie sich für einen Ausflug ins Grüne einen normalen Werktag aussuchen. Ob Sie sich für Wanderungen in der Mark Brandenburg oder in der Lüneburger Heide entscheiden, für Bergtouren im Elbsandsteingebirge oder im Alpenvorland – Sie werden die Schönheiten Deutschlands für sich allein haben. Jedenfalls mehr oder weniger, denn immer mehr Menschen in Deutschland haben nämlich immer öfter auch unter der Woche Freizeit, die bei schönem Wetter draußen in der Natur verbracht wird.

Einer der Gründe dafür trägt den schönen Namen Gleitzeit. Das bedeutet, daß sich viele Arbeiter und Angestellte ihre Arbeitszeit selber aussuchen können: Wer früh am Arbeitsplatz erscheint, kann früher Feierabend machen; wer spät kommt, muß länger arbeiten. Kurz nachdem man diese Errungenschaft eingeführt hatte, mußte allerdings wieder die Notbremse gezogen werden. Viele Deutsche (und dies ist ohnehin eine Nation notorischer Frühaufsteher) wären nämlich am liebsten schon nachts um drei zum Dienst angetreten, um bereits im Verlauf des Vormittags nach Hause gehen zu können. Zu ihrem großen Leidwesen drang diese Vorstellung nicht durch; die meisten Betriebe öffnen nicht vor sieben Uhr ihre Tore.

Aber wir wollten ja nicht über die Arbeit, sondern über die Freizeit sprechen. Soziologen, Psychologen und Verhaltensforscher haben sich vergebens den Kopf darüber zerbrochen, warum es die Deutschen nicht am heimischen Herd hält. Daß sie frische Luft tanken und sich in Gottes freier Natur die Beine vertreten wollen, kann es nicht mehr allein sein, da die Anreise zum Ausflugsziel – siehe Stau – ohnehin die meiste Zeit in Anspruch nimmt. Im Bergwald angekommen, legt die Mehrzahl gerade ein paar Schritte bis in die nächste Waldwirtschaft zurück, wo sie sich zu Kaffee und Kuchen niederläßt.

Es sind die kümmerlichen Reste eines Wandertriebes, der die Deutschen seit den Zeiten der Völkerwanderung begleitet hat. Im Mittelalter wanderten Handwerksburschen durch die Lande, und noch vor einigen Jahrzehnten hatten die planvollen Streifzüge durch Wald und Flur als Wandervogelbewegung sogar politische Bedeutung.

Heute erinnern noch Ausstattung und Kleidung der Wanderer an jene graue Vorzeit, als man mit Gott und der Natur allein durch Wälder und über Höhen streifte: Zünftige Kniebundhosen, rote Strümpfe, am Fuß den zwiegenähten Haferlschuh und in der Rechten den derben Wanderstock. Wer auf sich hält, hat letzteren mit blechernen Emblemen vollgenagelt – sogenannten Stocknägeln, die als Erinnerung an bestimmte Touren erworben werden. Was dem sowjetischen Kriegsveteranen seine Auszeichnungen an der breiten Heldenbrust, das sind dem deutschen Wandersmann seine Stocknägel.

Gewandert wird heute, wie könnte es anders sein, mit

dem eigenen Fahrzeug, wofür es sogar den Fachbegriff des Autowanderns gibt. Der Naturpark Bayerischer Wald etwa ist von Parkplätzen regelrecht umzingelt. Samstags und sonntags können Sie hier das Spektakel erleben, wie chromblitzende Karossen unter deutschen Tannen geparkt, Kofferräume geöffnet werden, und leitende Angestellte aus Passau oder München sich als Wandersmänner maskieren. Vorbei sind die Zeiten, da Eichendorffs Taugenichts aufs Geratewohl in die weite Welt hinauszog. Heute wird auf sorgfältig mit Symbolen markierten und mit Zeitangaben versehenen Rundwegen gewandert, die stets wieder zum Auto zurückführen. Verirren kann sich hier niemand mehr, die Eltern von Hänsel und Gretel müßten sich heute etwas anderes einfallen lassen, um ihre Kinder loszuwerden.

Wenn Sie daheim in Rußland gewandert sind, dann müssen Sie sich umstellen. Selbst in der entlegensten Bergregion ist die Natur derart gezähmt, daß Sie sich wie auf einer Trekkingtour durch den Gorkij-Park vorkommen werden: An jeder Weggabelung eine Wurstbude und auf der Lichtung ein Restaurant. Sogar die hochgelegenen Almen in den bayerischen Alpen, wo es dem Volksmund zufolge keine Sünde gab, sind bequem im Automobil zu erreichen: Nur 108 von 1377 Almen sind noch nicht an das Verkehrsnetz angeschlossen.

Ein Picknick oder gar ein Lagerfeuer sollten Sie stets auf den eigens dafür ausgewiesenen Plätzen in Angriff nehmen, und auch sonst verhält sich der deutsche Mensch im Wald ordentlich: Das Sammeln von Pilzen, Blumen oder auch nur Holz ist mancherorts unter strenge Strafe gestellt. Hier lautet die eherne deutsche Mahnung: »Wenn das alle täten« – dann nämlich wäre der Wald einer ausgestorbenen Fußgängerzone noch ähnlicher, als es streckenweise ohnehin schon ist.

Wenn es der Mangel an Natur und Abenteuer ist, der die Deutschen in Massen ins Ausland treibt, dann machen sie dort allerdings genausowenig Nutzen davon. Außer Frage steht, daß sie sich zu einem reiselustigen Volk entwickelt haben: Kein Strand, kein Dschungel und kein Gebirgstal sind vor ihnen mehr sicher. Mit 62,4 Millionen Auslandsreisen lagen die Deutschen Mitte der neunziger Jahre weltweit an erster Stelle.

Wie ihr amerikanisches Vorbild haben sie es sich angewöhnt, in der Fremde möglichst die Heimat zu suchen, nur mit besserem Wetter. Am liebsten würden sie natürlich ihren ganzen Hausrat mitnehmen, um nicht irgendwo in der Fremde unliebsame Überraschungen zu erleben. Ich glaube, wenn Sie das Gepäck deutscher Urlauber kontrollierten, dann fänden Sie in fünf von zehn Koffern ein Bügeleisen und in neun Gepäckstücken einen weltweit einsetzbaren Stromadapter, mit dem diverse andere unverzichtbare Elektrogeräte in Afrika oder in der Karibik angeschlossen werden können.

Mittlerweile machen auch wir Russen an den Urlaubsplätzen der Welt bemerkbar, und deshalb sollte ich Ihnen vielleicht ein paar Tips geben, woran Sie die Deutschen im Ausland erkennen. Das ist gar nicht so schwierig, selbst wenn man die Tatsache in Rechnung stellt, daß der deutsche Tourist in mannigfacher Ausprägung jenseits der eigenen Grenzen auftritt.

Noch immer gibt es den klassischen Bildungstouristen, der auf Reisen etwas dazulernen will. Wenn er in die Toskana reist, dann nicht wegen der leiblichen Genüsse, sondern wegen einer dreiwöchigen Fahrt mit dem vielversprechenden Titel »Scheunentore der Renaissance«. Er absolviert sein Besichtigungspensum bei Hitze, Sturm oder Schnee mit verbissener Hartnäckigkeit. Wehe dem Veranstalter, der zu viele Ruhe- und Verschnaufpausen in das Programm eingearbeitet hat. Ein bildungshungriger Deutscher reist schließlich nicht zu seinem Vergnügen.

Wie seine unerreichten Vorbilder – Goethe in Italien, Karl May bei den Pyramiden – hat der Bildungstourist vor der Abreise ein einschlägiges Fachstudium abgeschlossen oder zumindest mehrere Abendkurse belegt. Außerdem hat er drei laufende Regalmeter Sekundärliteratur zum Thema gelesen. Einen knappen Zentner Literatur schleppt er mit sich herum, weil er dem Cicerone jederzeit seine besseren Kenntnisse beweisen will. Denn auch er hält sich an die mit deutscher Bescheidenheit vorgetragene Maxime: Es stimmt nicht, daß Deutsche alles wissen. Sie wissen nur alles besser.

Eine große Gruppe stellen unter den Deutschen die Sport- und Abenteuertouristen. Diese hageren, durchtrainierten Urlauber erkennen Sie daran, daß sie Erholung und Entspannung scheuen wie einen fetten Schweinebraten. Sie rackern sich ab bis zum letzten Meniskus, als gelte es die Vorbereitung auf einen olympischen Wettbewerb – Wildwasserfahrten im Sommer, Heli-Skiing im Winter. Auch wenn diese Urlauber sich für kurze Momente einmal nicht bewegen (etwa nach einem Sturz in eine Gletscherspalte), sind sie unschwer als Deutsche auszumachen: Sie tragen die modernste Sportbekleidung und sind mit den besten Sportgeräten ausgerüstet, die der Markt zu bieten hat.

Noch ein Wort zur größten Gruppe, den Sonne-,

Strand- und Badereisenden. In den schönsten Monaten des Jahres haben sie die Küsten des Mittelmeeres und umliegender kleinerer Gewässer fest in der Hand. Nur Briten und Holländer führen hie und da noch Rückzugsgefechte um einen Brückenkopf zwischen Würstchenbude und Strandkorb. Als vor einigen Jahren ein Bonner Abgeordneter angeblich im Scherz den Vorschlag machte, die weitgehend am deutschen Wesen genesene Insel Mallorca solle zum 17. Bundesland werden, da regten sich weder Empörung noch Begeisterung. Der Politiker schien lediglich eine Selbstverständlichkeit angesprochen zu haben.

Vielleicht machen Sie selber an einer dieser südlichen deutschen Küsten Urlaub. Dann werden Sie nicht nur verblüfft feststellen, daß Sie von Tanger bis nach Tunis, in Thessaloniki und in Trabzon mit Ihren Deutschkenntnissen durchkommen, auch bodenständige deutsche Küche können Sie in der Fremde antreffen. Vielleicht erleben Sie sogar jenes Wunder, daß sich britische Touristen bis heute nicht erklären können: Wie schaffen es die Deutschen, jeden Tag als erste am Strand zu sein, auch wenn sie gemeinsam mit den Angelsachsen bis in die frühen Morgenstunden in einer Taverne gezecht haben? Und: Woher nehmen sie die Energie, die von ihnen besetzten Strandstücke unverzüglich mit massiven Sandburgen zu befestigen?

## *Eine starke Anarchie braucht einen starken Anarchen: Ordnung und die Obrigkeit*

Wir alle haben ja so unsere Vorstellungen von den Eigenschaften anderer Völker, und in ehrlichen Momenten wissen wir auch, daß es sich um Vorurteile handelt, die auf dem Humus billiger Klischees gedeihen. Dennoch haben wir uns an sie gewöhnt – an die, o la, la, liebestollen Franzosen, die lärmend-großmäuligen Amerikaner und natürlich an die drei großen »P« der Deutschen: penibel, pingelig, perfektionistisch.

Wer kennt sie nicht bei uns, die Geschichte jener legendären Kominternsitzung im Moskau der dreißiger Jahre? Alle Delegationen der internationalen Bruderparteien waren schon im Kreml versammelt, nur die deutschen Genossen fehlten noch. Schließlich wurde selbst Stalin unruhig, und er befahl, Nachforschungen über den Verbleib der Deutschen anzustellen. Sie galten als zuverlässig und korrekt, es mußte ihnen etwas zugestoßen sein.

Nichts dergleichen war geschehen: Man fand die deutschen Vertreter der kommunistischen Internationale, wie sie beunruhigt auf dem Bahnsteig des Weißrussischen Bahnhofs in Moskau auf und ab gingen. Schon seit Stunden, so monierten sie, warteten sie darauf, daß jemand ein Loch in ihre Fahrkarten stanzte (wie es sich gehört!), damit sie endlich das Bahnhofsgelände ordnungsgemäß verlassen und zu Väterchen Stalin in den Kreml weiterfahren könnten.

Wie fest dieses Bild bei uns verankert ist, hat mir einmal ein deutscher Freund in Moskau bestätigt. Jedesmal, wenn er mit dem Auto gegen die Straßenverkehrsordnung verstieß, wurde er vom Milizionär väterlich, doch gleichzeitig erstaunt ermahnt: »Ich verstehe schon, wir sind hier in Rußland, da nimmt man es nicht so genau. Aber, im Vertrauen, in Deutschland würden Sie hier doch nicht links abbiegen, obwohl es verboten ist?«

Aber Sie, der Sie ein aufgeschlossener, ein unvoreingenommener Mensch sind, schieben vor Ihrer Deutschlandreise all diese Vorurteile entschlossen beiseite. So, denken Sie, verhält sich der Deutsche nur in der Anekdote, in der Literatur, oder in der kleinkarierten und verhältnismäßig beschränkten Vorstellungswelt der Miliz. Schließlich entsprechen auch nur wenige Russen dem gängigen Klischee vom brummelnden, ewig betrunkenen Braunbären.

Das ist edel gedacht von Ihnen, aber... Nun, wie soll ich es Ihnen schonend beibringen: Bewahren Sie sich lieber das eine oder andere Klischee, denn die Deutschen haben tatsächlich ein sehr enges Verhältnis zu Ordnung, Disziplin und Perfektion.

Das wird Sie, mit ein bißchen Glück, schon Ihr erster Spaziergang durch eine deutsche Stadt lehren. Wählen Sie dafür nach Möglichkeit eine Abendstunde oder einen Sonntag, weil zu diesen Zeitpunkten wenige Menschen unterwegs sind. Über kurz oder lang werden sie dann Zeuge eines Geschehnisses, von dem Sie nicht wissen, ob Sie es Ihren Enkelkindern erzählen sollen oder nicht. Denn welcher Großvater will bei der jungen Generation schon unglaubwürdig wirken.

Sie können Ihren Augen getrost trauen: Da steht ein Mensch reglos an einer Kreuzung. Obwohl kein Verkehr zu hören, geschweige denn zu sehen ist, macht er keine Anstalten, die Straße zu überqueren. Zügeln Sie Ihren Impuls ihm zu helfen. Der Mann ist weder blind noch taub, noch hat er einen Anfall von Katatonie erlitten. Er wartet schlicht darauf, daß die Ampel auf Grün umspringt, bevor er einen Fuß auf die leere Fahrbahn setzt.

Unbegreiflich, aber wahr: In Deutschland gibt es tatsächlich Menschen, die sich Regeln und Vorschriften selbst dort unterordnen, wo deren Einhaltung nicht überwacht wird. Manchmal kann diese Gesetzestreue tödliche Folgen haben: So blieb ein Busfahrer in München an einer roten Ampel stehen, obwohl ihn eine Gruppe von Bauarbeitern verzweifelt bedrängte weiterzufahren. Die Arbeiter wollten keinen Schabernack mit dem Busfahrer treiben, es war ihnen ernst. Denn wenige Sekunden später öffnete sich der Asphalt unter dem Bus, und das Fahrzeug versank in einem tiefen Loch.

Nun ist es ja ganz gewiß nicht so, daß Rußland über weite Strecken seiner Geschichte in einem Zustand rauschhafter, anarchischer Gesetzlosigkeit gelebt hätte. Ganz im Gegenteil: Meistens spürten wir schmerzhaft die Knute. Dies hat uns freilich zu einem gesunden Mißtrauen gegenüber der Obrigkeit verholfen: Dem Teufel muß man hundert, dem Zaren zehn Werst aus dem Weg gehen – sagen wir. Auch die vermeintliche Huld und Großmut hochmögender Herren vermögen wir richtig einzuordnen; denn tiefe Lebensweisheit spricht aus der

Erkenntnis: Schenkt der Zar dir ein Ei, so nimmt er eine Henne von dir.

Mit anderen Worten: Wir haben uns stets bestenfalls zähneknirschend in die unvermeidbaren Kreml-Ukase gefügt und ständig nach Schlupflöchern und Hintertüren Ausschau gehalten. Die Deutschen indes lassen sich freiwillig, ja lustvoll in ein Korsett immer neuer Vorschriften, Regeln und Normen einschnüren. Mehr als das: Sie kontrollieren sich gegenseitig, ob die Stahlkorsage ja recht straff sitzt. Dies kann Ihnen leicht selbst widerfahren, falls Sie es wagen sollten, bei Rot eine Straße zu überqueren: Mit strengem Kopfschütteln werden die anderen Passanten Sie rasch und unzweideutig wieder auf den Pfad der Gesetzmäßigkeit zurückholen.

Jetzt werden Sie sicherlich fragen, warum die Deutschen so obrigkeitshörig, so pedantisch, so korrekt sind, und ich werde versuchen, Ihnen eine sehr gewagte These schmackhaft zu machen: Die Deutschen lieben die Ordnung, die Sicherheit, die Überschaubarkeit, weil sie in den tiefsten Abgründen ihres Herzens eigentlich Anarchisten sind und einen unkontrollierten Ausbruch ihrer Gemütsregungen fürchten. Sicher, der Zollbeamte, der Straßenbahnschaffner, die Verkäuferin, der Oberkellner, und wen Sie sonst bisher kennengelernt haben, dürften etwa ebensoviel anarchische Ausstrahlung besessen haben wie ein rotgewüfeltes Küchentuch.

Aber ich behaupte, daß dies alles nur Mimikry ist, Tarnung und Selbstschutz. Ich will gar nicht an diverse militärische Eskapaden der Deutschen in diesem Jahrhundert erinnern, die von Anbeginn eine vorzivilisatorische, gewissermaßen sehr unordentliche germanische Götterdämmerung als Ende mit einkalkulierten. Nehmen Sie nur die Musik von Gustav Mahler oder Richard Wagner, nehmen Sie die Dichter der deutschen Romantik, nehmen Sie ein Fußballspiel Schalke gegen 1860 München, oder nehmen Sie das Niveau der politischen Diskussion in diesem Lande, die genußvoll auf jeglichen Pragmatismus zugunsten ungeeigneter Ideologien verzichtet – und Sie werden sehen, daß der deutsche Mensch schon das Zeug und die Neigung dazu hätte, aus dem kleinen Karo seiner Normen auszubrechen und lustvoll in ausschweifende, anarchische Seelenräusche einzutauchen. Vielleicht liegt hier die Wurzel der so oft beschworenen Seelenverwandtschaft zwischen Deutschen und Russen.

Im Verlauf seiner Geschichte indes hat Deutschland so viele Zeiten der Wirren und des Chaos erlebt, daß es die Segnungen der Ordnung schätzengelernt hat. Nehmen Sie nur das Verhältnis der Deutschen zu ihrer Währung, zur in allerhöchsten Ehren gehaltenen D-Mark. An sie läßt er nicht rühren, und als die Pläne der Europäischen Union das Ohr des deutschen Bürgers erreichten, die nationalen Währungen durch den gesamteuropäischen Ecu abzulösen, da erhob sich ein solcher Sturm der Empörung über das »Esperantogeld«, daß die Diskussion über die Eurowährung schleunigst wieder abgewürgt wurde. Denn die Deutschen, so scheint es, träten lieber aus der EU aus, als daß sie auf ihre Mark verzichteten.

Der Grund für dieses Streben nach finanzpolitischer Stabilität ist ebenso einfach wie einleuchtend: Zweimal in diesem Jahrhundert verloren Millionen von Deutschen all ihre Ersparnisse durch Inflation und Währungsreform. Ein drittes Mal soll es nicht geben, und deshalb wurde bei der Vereinigung der DDR mit der

Bundesrepublik die Union der Währungen beider Länder bar jeglicher monetärer Vernunft durchgezogen. Die Landsleute im Osten sollten nicht erneut um ihr Geld betrogen werden.

Insgeheim wenig Respekt haben die Deutschen daher vor Ländern, in denen ein Brot Tausende und ein warmes Essen Zehntausende kostet, wie etwa Rußland, wo Lebensersparnisse von 3000 Rubel heute gerade noch für ein paar Metrofahrten ausreichen. Freilich entbehrt dieser monetäre deutsche Hochmut jeglicher finanzpolitischer Gründe. Denn Japan oder Italien, wo beim Kauf eines Fernsehapparates ebenfalls rasch die Millionengrenze überschritten ist, besitzen gleichwohl stabile Währungen. Ich allerdings würde nicht mehr in Deutschland leben wollen, falls dort eines Tages ein Kopf Salat 750 Mark kosten sollte. Dies würde eine Panik mit völlig unberechenbaren Folgen auslösen.

Es gibt kluge Leute, welche die Wurzel für deutschen Perfektionismus, deutsche Ordnungssucht, deutsche Sicherheitsmanie im Dreißigjährigen Krieg vermuten, der ja nicht von ungefähr bis zum Anfang des vergangenen Jahrhunderts schlicht »Deutscher Krieg« hieß. Dreißig Jahre lang, also für damalige Verhältnisse fast anderthalb Generationen, herrschten in deutschen Landen Anarchie, Willkür, Gesetzlosigkeit. Ein Menschenleben war keinen Heller wert – ganz egal, ob es einem marodierenden Landsknecht, einer Seuche oder dem Hunger zum Opfer fiel.

Zugegeben, auch wir hatten unsere *smuta*, unsere Zeit der Wirren. Aber sie wurde von einem starken Zaren beendet, der die Macht in seinen Händen in Moskau bündelte und autokratisch im ganzen Land ausübte.

Deutschland hingegen zerfiel nach dem Westfälischen Frieden von 1648 in eine Vielzahl kleiner und kleinster Herrschaften. Was in einer Grafschaft richtig war, konnte schon wenige Kilometer weiter im nächsten Fürstentum bestraft werden.

Die von Krieg und Seuchen dezimierten Deutschen verfielen in Provinzialität und tiefe Verunsicherung. Sicherheit bot nur der jeweilige Duodezfürst, und dessen Herrschaft ordnete man sich gerne unter. Außerdem half dem Freiheitsdenken der Deutschen gewiß nicht, daß ihre Fürsten sich damals nur allzugern am absolutistischen Regierungsstil des französischen Sonnenkönigs orientierten. Das anarchische Streben und Trachten wurde so weit sublimiert, daß der frühere bayerische Ministerpräsident Franz Josef Strauß einmal unwidersprochen und unnachahmlich gesagt haben soll: »Eine starke Anarchie braucht einen starken Anarchen.« Dem Vernehmen nach soll er nach dieser Maxime den Freistaat auch regiert haben.

Mit diesen Erfahrungen im kollektiven Gedächtnis ist es in der Tat kein Wunder, wenn die Deutschen heute am liebsten nichts dem Zufall überlassen. Alles wird minutiös geplant. Das haben Sie schon selbst bei Ihrer ersten Einladung in eine deutsche Familie gelernt, wo der Termin penibel festgeklopft wurde. Überraschungen mag man nicht, erst recht keine überraschenden Gäste.

Es ist also nur allzu verständlich, daß die Deutschen permanent nach Sicherheit, nach Geborgenheit in dieser unberechenbaren Welt suchen. Verkneifen Sie sich jetzt bitte ein bitteres Lächeln! Wir beide wissen spätestens seit 1989 recht genau, welch unangenehme Überraschungen das Leben für all jene in petto hat, die sich dummerweise ein wenig verspäten. Überraschungen, welche die ehemaligen DDR-Bürger vielleicht zum Teil nachvollziehen können, von denen die verwöhnten Bürger der alten Bundesrepublik (die Kriegsgeneration ausgenommen) indes keine Ahnung haben.

Wie dem auch sei – die Deutschen verwenden einen großen Teil ihrer Zeit, ihrer Energie und vor allem ihres Geldes darauf, sich nach allen Seiten abzusichern. Dafür gibt es Versicherungen, die nicht von ungefähr zu den größten und wohlhabendsten Unternehmen des Landes zählen. Anders als in Amerika, das nicht minder vernarrt in Versicherungen ist, wird dieses Sicherheitsdenken in Deutschland vom Staat nach Kräften gefördert. Jeder werktätige Staatsbürger ist verpflichtet, in eine Kranken-, Renten- und Arbeitslosenversicherung einzuzahlen. Schließt er zudem eine Lebensversicherung ab, so kann er deren Prämien von der Steuer absetzen.

Daneben bieten die Assekuranzen eine umfassende Palette von Versicherungen an – von A wie Ausbildung bis Z wie Zusatz für den Zahnersatz. Dazwischen wird für jegliche Unbill, ob Hagelschlag oder ein verdorbener Urlaub, finanzieller Ausgleich versprochen. Mittlerweile gibt es Leute, die – so heißt das wirklich – überversichert sind, und vor lauter Prämienzahlungen kein Geld mehr fürs Leben übrig haben. Was ihnen fehlt, ist eine Versicherung, die einen vor solchem Malheur bewahrt.

Wer nun aber meint, daß sich die Deutschen in diesem feingesponnenen Kokon wohl fühlen, der hat sich geirrt. Der Deutsche ist vielmehr leicht zu verunsichern und generell recht krisenanfällig – so sehr, daß er eine Krise ausmacht, wo es keine gibt. Verfolgen Sie einmal über längere Zeit hinweg die Massenmedien, dann erkennen Sie leicht die Symptome. In regelmäßigen Abständen nämlich fragt sich die Nation selbstquälerisch, ob sie denn noch zu etwas tauge.

Kein Anlaß ist zu nichtig oder zu weit hergeholt. Kein Deutscher hat in diesem Jahr einen Nobelpreis erhalten? Schon werden Serien und Leitartikel mit dem Titel »Deutschlands Forschung in der Krise« verfaßt. Eine Neuinszenierung in Bochum wird ausgebuht? Theater in der Krise. Eine Umfrage in einer französischen Frauenzeitschrift fällt wenig schmeichelhaft für deutsche Liebhaber aus? Der deutsche Mann in der Krise. Alle Abhandlungen über die mannigfachen Krisen kommen indes nie zu einem Ergebnis. Im allgemeinen tröstet man sich leidlich damit, daß es gegen bestimmte Dinge nicht einmal in Deutschland letzte Sicherheiten gibt.

Um so wichtiger ist daher dem Deutschen, sein Leben in möglichst festen Bahnen zu führen. Schon Kinder lernen frühzeitig, daß man nicht einfach jederzeit das tun kann, wonach einem der Sinn steht. Viele Dinge haben ihre festen Zeiten – etwa das Spielen auf dem Spielplatz. Was zwischen zehn und zwölf milde lächelnd goutiert wird, kann eine Stunde später die Polizei auf den Plan rufen – sobald nämlich Kinderlärm die heilige Mittagsruhe stört. Wenn Sie für längere Zeit mit Ihrem eigenen Nachwuchs in Deutschland leben wollen, dann sollten Sie Ihre Sprößlinge auf die kommenden Veränderungen einstimmen.

Auch jede andere menschliche Tätigkeit, die im Freien verrichtet werden und Geräusch erzeugen kann, muß mittags, abends und am Tag des Herrn eingestellt werden. Das werden so viele nicht sein, meinen Sie? Weit gefehlt: Teppichklopfen gehört ebenso dazu wie die

Entsorgung alter Flaschen und sogar alter Zeitungen (was meinen Sie, wie sehr das Rascheln von Papier an den Nerven eines ruhebedürftigen Bürgers zerren kann) oder das Schließen von Türen. Es gibt den Beschluß eines deutschen Oberlandesgerichtes, wonach Garagentore zwischen 22 Uhr und sechs Uhr morgens leise funktionieren müssen. Rasenmähen ist ein eigenes Thema: Ein gläubiger deutscher Jude verdankt dieser Mischung aus deutschen weltlichen Vorschriften und jüdischen Glaubensregeln seinen üppig ins Kraut schießenden, weil nie gemähten Rasen. »Wissen Sie«, pflegt er staunenden Besuchern zu sagen, »am Samstag dürfte ich, aber ich darf nicht, und am Sonntag ist es genau umgekehrt.«

Ich habe übrigens gerade einen Punkt erwähnt, der wahrscheinlich erklärungsbedürftig ist: die Beseitigung von Altglas und Altpapier. Sie müssen wissen, daß nichts in Deutschland genauer geregelt ist als die Entsorgung von Müll. Bananenschalen, gebrauchte Papiertaschentücher und anderen Abfall wirft man nicht einfach weg, wie Sie ja an den sauberen Straßen bemerkt haben. Sollten Sie sich allerdings längere Zeit in Deutschland aufhalten und eine eigene Wohnung mit eigenem Müll haben, dann werden Sie um eine Einführung in die Entsorgungsphilosophie nicht herumkommen.

Wie einfach ist es doch bei uns zu Hause: Müllschlucker auf, den ganzen Kram rein, und irgendwann holt irgendwer von irgendwoher die gesammelten Abfälle ab. Früher verfuhr man in deutschen Haushalten ähnlich, aber weil sich hier zornige junge Leute (und das waren die umweltbewußten Politiker der Grünen zunächst), deutsche zornige junge Leute zum Verfechter einer alternativen Politik machten, wurde der Schutz der Natur und der

Ressourcen ebenfalls rasch in ein ausgetüfteltes Gefüge voller Normen, Regeln und Verordnungen gepreßt.

Das hat unter anderem dazu geführt, daß Sie Ihren Hausmüll sorgfältig vorsortieren müssen: Was wiederverwertbar ist, wird gesammelt. Weil das im Sinne der Umweltschonung immer mehr wird, vermehren sich in deutschen Städten die Ansammlungen häßlicher Container für Glas, Papier, Aluminiumdosen und ähnlichem. Aus Küchenabfällen sollten Sie im Idealfall Ihren eigenen Blumendünger kompostieren, und der ganze nicht mehr verwertbare Plastikdreck trägt einen grünen Punkt und gehört in einen giftgelben Sack. Der Bonner Korrespondent der französischen Tageszeitung *Le Monde* versuchte einmal mit mildem Sarkasmus den Unterschied zwischen den beiderseits des Rheins lebenden Völkern zu umreißen: »Die Deutschen scheinen nur mit drei verschiedenen Mülltonnen glücklich sein zu können; die Franzosen brauchen nicht so viel zu ihrem Glück.«

Das alles hat zur Folge, daß Abfallbehälter in vielen deutschen Haushalten hinter Schloß und Riegel kommen. Fachgeschäfte bieten zu diesem Zweck bereits Müllschlösser an, die an den Tonnen befestigt werden. Nicht daß man befürchtete, jemand könnte Müll stehlen (so paraonoid ist man selbst hierzulande nicht), vielmehr könnten Unbefugte etwas in die Tonne werfen. In vielen Gemeinden ist die Müllentsorgung nämlich derart teuer geworden, daß es sich durchaus lohnen würde, die eigenen leeren Konservendosen auf Nachbars Müllhalde abzuladen.

En eigenes Kapitel ist die Entsorgung leerer Flaschen. Hier müssen Sie unbedingt darauf achten, daß Sie braune Flaschen in den Braunglasbehälter und nicht in den Container für grünes oder farbloses Glas werfen. Falls Sie einen Fehler machen, wird Sie ein freundlicher Mitwerfer sogleich darauf aufmerksam machen. Erwidern Sie um Himmels willen nicht, daß es auf eine braune Flasche unter all dem grünen Glas wohl kaum ankomme. In Deutschland hat man für diesen und ähnliche Fälle – Sie erinnern sich – ein Standardargument parat, das sich schlecht widerlegen läßt: »Wenn das alle täten ...« In den mitklingenden drei Punkten schwingen das Chaos, ja die apokalyptische Unordnung mit, die gewiß ausbräche, würde man nicht den Teufel an die Wand malen.

Es bleibt natürlich nicht aus, daß sich die Deutschen in ihrer Perfektionssucht in Problemen verheddern, die es so nirgendwo sonst auf der Welt gibt. Als eine Mineralwasserfirma – nicht deutscher Provenienz, versteht sich – ihr Produkt in blitzblaue Fläschchen abzufüllen begann, löste dies in mehreren deutschen Gemeinden bürgerkriegsähnliche Zustände aus. Umweltbewußte Bürger forderten von ihren Stadtverwaltungen Blauglascontainer, die sparbewußten Stadtverwaltungen rieten ihren Bürgern von dem blauen Wasser ab, was ihnen den Vorwurf eintrug, ein sozialistisches Konsumverbot auszusprechen. (Nebenbei bemerkt: So kann nur sprechen, wer den Sozialismus nie kennengelernt hat.) Wie die Sache ausgegangen ist, weiß ich nicht. Beängstigend ist nur, daß die blauen Flaschen weiter im Angebot sind, aber keine Blauglascontainer aufgestellt wurden.

An dem kleinen Müllbeispiel – das sich mühelos zu einem eigenen dreibändigen Werk über das Thema erweitern ließe – sehen Sie, daß sich die Deutschen auch dieser Frage mit der ihnen eigenen Inbrunst verschrieben haben. »Deutsch sein«, so sagt man, »heißt, eine Sache um ihrer selbst willen tun.« Es war nie die Rede davon, die Abfallbeseitigung von dieser Maxime auszunehmen. Mittlerweile leben ökologisch bewußte Bürger in verschiedenen Regionen des Landes nach einem akkurat durchgerechneten städtischen Abfallkalender, wenn sie wissen wollen, wann der Hausmüll, wann der Grüne-Punkt-Abfall, wann Schadstoffe und wann Altbatterien entsorgt werden. Falls Sie den Überblick verlieren, welche Tonne an welchem Tag für die Müllabfuhr auf die Straße gerollt werden muß, dann stehen Sie einfach ein wenig früher auf und gucken, was der Nachbar macht.

Weniger glücklich endete das Experiment, unsere in Ostdeutschland stationierten Soldaten der Westgruppe »im militärischen Alltag umweltgerechtes Verhalten« zu lehren. In russischer Sprache ließ die Bundesregierung 200000 Handbücher drucken, die unter anderem »praktische Hinweise und Informationen über Abfallbeseitigung« enthielten. Und weil man vom russischen Soldaten nicht erwarten konnte, das er stets mit einer kleinen Handbibliothek ins Feld zog, steckte man ihm eine Kurzversion in Form eines Faltblattes in Postkartengröße mit in den Tornister. Das Blatt war übrigens reißfest, wohl deshalb, damit *jefrejter* Kusnezow nicht in Versuchung kam, die Informationen in Müll umzuwandeln.

Hinter dieser Idee stand natürlich – wie könnte es anders sein – die Bürokratie. Darum sollten Sie über die deutschen Beamten ein wenig informiert sein, auch wenn sie sich nicht wesentlich von ihren Kollegen in anderen Ländern, darunter in Rußland, unterscheiden. Überhaupt hat es den Anschein, als ob Bürokraten die einzig wahren Weltbürger seien, und das seit Hunderten von Jahren. Gäbe es zum Glück nicht die Sprachprobleme, dann würde die Erde vermutlich schon längst von einer Weltregierung beherrscht, die sich aus Finanzinspektoren und Abteilungsleitern aller Herren Länder zusammensetzte – mit einem Regierungsdirektor an der Spitze.

Immerhin läßt sich vermuten, daß der bürokratische Mythos seinen Ursprung in Deutschland hat. Schließlich ist es Heimatland der märchenhaften Kleinstadt Schilda und ihrer wackeren Bürger. Diese wiederum sind ihrerseits nur die Nachkommen der viel älteren Lalen von Laleburg, ebenfalls deutschen Geschlechts. Beide, Schildbürger wie Lalen, haben vorweggenommen, was Bürokraten bis zum heutigen Tage auszeichnet: mit großem Ernst noch größeren Unsinn zu beschließen, für den größte Summen Geldes aufzubringen sind. Oder gibt es etwa einen großen Unterschied zwischen den Schildbürgern, die ein Rathaus ohne Fenster bauten und das Sonnenlicht in Säcken und Kannen hineinzuschaffen suchten, und jenen neuzeitlichen Baureferenten, die Brücken errichten ließen, für die es keine Straßen gab?

Ich weiß, auch wir können auf eine an Irrsinn reiche Tradition bürokratischen Fehlverhaltens zurückblicken. Indes: Es gibt einen großen Unterschied zu Deutschland. Unsere Machthaber haben uns immer sehr gut gekannt und daher sehr wohl gewußt, daß wir bei der kleinsten Gelegenheit ausbüchsen und uns vor jeder Verantwortung drücken würden. Infolgedessen erließen sie stets die rigidesten Vorschriften, damit das bißchen, das wir davon einhalten, ein einigermaßen funktionierendes

Staatswesen ermöglicht. Ein Quentchen Ermessensspielraum, und die Folge wäre allgemeine Anarchie.

Die Deutschen hingegen scheinen sich freiwillig ihren Bürokraten unterzuordnen. Mit dem alten Obrigkeitsstaat, wie Sie ihn aus der Literatur kennen, hat das nichts mehr zu tun. Den hatten die alten Preußen erfunden, die ihren Beamten zwar nicht viel Geld, zum Ausgleich aber Macht und eine Uniform geben konnten.

Wieviel Macht selbst die niedrigsten Beamten genossen, das belegt eine Ankedote, wonach 1919 die Revolution in Deutschland an einem Bahnvorsteher scheiterte. Der imposante Mann mit dem hochgezwirbelten Schnauzbart verweigerte einer Gruppe deutscher Bolschewiken den Zutritt zum Bahnhof, weil sie keine gültigen Bahnsteigkarten hatten.

Oft aber reicht schon das geschriebene Wort. Ebenfalls im revolutionären Nachkriegsberlin mißlang es den Aufständischen, das königliche Stadtschloß zu stürmen. Als Grund wurde der Nachwelt überliefert, daß sich die Vorhut der proletarischen Massen an eine schriftliche Aufforderung hielt, die das Betreten des Rasens rund um das Schloß untersagte. Wieviel Unheil wäre unserem Volk erspart geblieben, wenn Wladimir Iljitsch Lenin während seiner Zugfahrt durch Deutschland nach Petrograd ein paar hundert deutsche Bolschewiken für seine Revolution mitgenommen hätte. Sie hätten vermutlich Eintrittskarten für die Eremitage gelöst, anstatt sie zu erstürmen.

Das Schlüsselwort zum besseren Verständnis heißt »verboten«. Weil in Deutschland einem alten Grundsatz zufolge alles verboten ist, was nicht ausdrücklich erlaubt ist, gibt es Ausländer, die von einem längeren Aufenthalt in diesem Land nicht mehr von der Landessprache mitnehmen als dieses Wort. Auf alle Fälle ist es meist das erste deutsche Wort, das man erlernt. In der Tat gehen Sie nur dann auf Nummer Sicher, wenn Sie eine Aufschrift lesen, daß das Baden in diesem Weiher oder der Bummel über jene Wiese erlaubt sind. Allerdings scheint es Abstufungen der Verbote in Deutschland zu geben, da ein schlichtes »Verboten« zu einem »Streng verboten« gesteigert werden kann. Worin der Unterschied liegt, habe ich nie herausfinden können. Offen gestanden, ich möchte es auch lieber nicht wissen.

Einmal abgesehen von der Verbotssucht, ist das deutsche Obrigkeitsdenken heute – gottlob – weitgehend ausgestorben. Heute verdienen Beamte oft besser als Angestellte, Briefträger erkennt man nicht an steifen Mützen und Litzen an den schwarzen Hosen, sondern an Jeans und T-Shirt, und sogar beschweren kann man sich über die Bürokratie. Dennoch ist die Bürokratie ein Staat im Staate geblieben. Warum?

Hier hilft die uns bereits geläufige Maxime, daß Deutsche auch nichts Unvernünftiges tun, solange sie nicht wenigstens eine vernünftige Begründung dafür haben. Deutschlands öffentlicher Dienst – mit sieben Millionen Beschäftigten immerhin die größte Organisation Europas – funktioniert genau nach diesem System. Seine Begründungen sind nur innerhalb des geschlossenen Systems, in dem sie entstehen, logisch. Sie werden zwar Ihrem gesundem Menschenverstand und dem, was Sie für Logik halten, zuwiderlaufen – nützen wird Ihnen das bei Ihrer Argumentation mit der Behörde aber nichts.

Diese Erfahrung machen auch Deutsche, ja sogar Volksvertreter wie ein CDU-Bundestagsabgeordneter aus Thüringen. Im Kabelschacht seines Bonner Büros war eine Maus verendet, und der Kadaver stank. Als einfacher Mensch aus dem deutschen Osten und als solcher mit den Feinheiten der durchorganisierten alten Bundesrepublik nicht hinreichend vertraut, suchte er nach einem Hausmeister, der den Mäusekadaver aus dem Schacht entfernen sollte. Er, der Abgeordnete, nicht der Kadaver, hatte die Rechnung ohne die Verwaltung gemacht: Zwölf Dienststellen bezeichneten sich als unzuständig, die dreizehnte erstellte schließlich einen Schlachtplan:

1. Ein Mann vom Sicherheitsdienst öffnet den Kabelschacht, durch den streng geheime Telefon- und Computerleitungen verlaufen;

2. ein Gärtner entfernt die tote Maus (vermutlich, weil er aufgrund seines Berufes einschlägige Erfahrungen mit verendeten Nagern nachweisen kann);

3. eine Spezialfirma beseitigt Spuren von Mäuse- und Leichengift, damit es sich nicht im Abgeordnetenhochhaus verbreite;

4. eine Reinigungsfirma schießlich räumt den normalen Dreck weg.

Das ist kein Einzelfall, aber er zeigt, wie sich in Deutschland Perfektionismus, Sicherheitsdenken und der Wunsch, nirgends anzuecken und alle möglichen Beschwerdegründe von vornherein auszuschließen, unweigerlich zu einem Schildbürgerstreich zusammenfinden. Sie können mir getrost glauben, wenn ich Ihnen sage, daß Beamte vor dem Bau eines öffentlichen Gebäudes die Höhe jeder einzelnen Treppenstufe festlegen und verbindlich vorschreiben. Einen Grund werden sie sicher dafür haben, auch wenn er sich Außenstehenden weder auf Anhieb noch nach tiefem Grübeln erschließt.

Ein paar weitere Proben gefällig? Beispiel Hannover: Hier sind Radwege nur noch mit Piktogrammen von Damenrädern gekennzeichnet. Der Grund: Eine Frauenbeauftragte hatte sich darüber empört, daß früher – welch Ausbund an männlichem Chauvinismus – ausschließlich Herrenräder mit der Querstange auf den Wegen abgebildet waren.

Beispiel Bundesbahn: Der Verkehrsclub Deutschland hat für deutsche Züge dringend die Einrichtung getrennter Damen- und Herrentoiletten gefordert. Natürlich hat er einen guten Grund: Offensichtlich hat sich bei der Bahn noch niemand Gedanken über die Zielgenauigkeit von Stehendnutzern bei schlingernder Kurvenfahrt gemacht.

Beispiel Weltfrieden: Drei Jahre lang war der Inder Vikas Singh mit seiner Fahrradrikscha unterwegs. Unter dem Motto *Global Friendship and Peace* schob er sein Gefährt 42000 Kilometer weit – durch Südostasien, China, Rußland, Skandinavien und Polen. Gestoppt wurde er erst in Deutschland – wo eine Rikscha ohne Sattel und Pedale auf der Autobahn gegen die Straßenverkehrsordnung verstößt.

Beispiel Computerbranche: Der Bundesverband der Gewerbetreibenden zur Förderung der Gleichheit im Wettbewerb e. V. (so was gibt es tatsächlich) hat der metrischen Diskette eine Lanze gebrochen. In Dortmund, wo der Verband beheimatet ist, sah man nicht ein, daß die Software auf 3,5-Zoll-Disketten angeboten wird, wo doch 8,889 Zentimeter soviel eingängiger sind. Einen guten Grund hat der Bundesverband nicht, aber etwas Besseres: ein Urteil des Oberlandesgerichtes Hamm.

Jetzt werden Sie – bestimmt nicht zum ersten Mal – den Kopf schütteln und sich fragen, ob es denn keine Abkürzungen durch die deutsche Bürokratie gibt. Ich weiß schon, was Sie meinen, aber ich muß Sie enttäuschen. Die kleine Gefälligkeit, der im Formular versteckte Geldschein, alles, was uns das Leben soviel leichter macht, beginnt sich in Deutschand erst zaghaft zu entwickeln. Es ist nicht mehr so schlimm wie früher, wo ein deutscher Beamter unbestechlich wie ein Erzengel auf seinem Bescheid beharrte, nein, auch in diesem Bereich bahnt sich eine gewisse Öffnung, größere Flexibilität an.

Diese Revolution wurde in Deutschland übrigens von oben angestoßen und nicht von den Massen. In den siebziger und achtziger Jahren wurde eine Reihe von Skandalen bekannt, in welche die Geschäftswelt und die Politik verwickelt waren. Stets ging es dabei jedoch um Summen, bei denen der Normalverbraucher nicht mithalten konnte. Doch das Beispiel hat langsam Schule gemacht, so daß ein Innenminister sogar »mit großer Sorge« angesichts der »zunehmenden Korruption in der Verwaltung« an die Öffentlichkeit trat.

Erfolge freilich sind bislang dünn gesät, wie beispielsweise im Finanzamt der oberbayerischen Stadt Wolfratshausen. Da waren die Behörden darauf gestoßen, daß die Finanzbeamten persönlich gegen ein angemessenes Honorar die Steuererklärungen der Bürger erstellt und in einem Aufwasch auch gleich genehmigt hatten. Vorerst überwiegen die Pannen – auf beiden Seiten. In Hamburg etwa machte eine Reinigungsfirma Pleite, die mit Bestechungsgeldern an Aufträge vom Universitätskrankenhaus kommen wollte. Der Fehler: Die Schmiergelder waren höher als der derart unlauter erzielte Umsatz. Und in Münster flog ein Hauptsekretär beim Jugendamt auf, weil er plötzlich nicht mehr mit dem Fahrrad, sondern mit einem Rolls-Royce zum Dienst erschien.

Obzwar die Deutschen in dieser Hinsicht noch viel von uns lernen können, rate ich Ihnen eindringlich vor Versuchen ab, Beamte zu korrumpieren. Noch sind es Einzelfälle, noch ist das Risiko rein rechnerisch zu groß, an einen ehrlichen Bürovorsteher zu geraten, dessen Reaktion auf Ihre Gefälligkeit unberechenbar ausfallen könnte. Geben Sie den Deutschen noch ein wenig Zeit, und probieren Sie es in ein paar Jahren.

Vielversprechende Anlagen gibt es. Schließlich hat der deutsche Gesetzgeber höchstpersönlich schon vor vielen Jahren einen bahnbrechenden Beitrag zur Förderung der Korruption geleistet, der weit über die jahrtausendealten Erfahrungen gewachsener Bakschischkulturen hinausreicht: Schmiergelder, die man schwarz und unter der Hand bezahlt, kann man in Deutschland ganz legal als Sonderausgaben von der Steuer absetzen. Ein derartiger Geniestreich wäre uns Russen nie gelungen. Denn dazu brauchte man außer der Korruption einen ohne Schmiergeld arbeitenden Fiskus.

## *Was Recht ist, muß Recht bleiben: Rechtsstaat oder Gerechtigkeit*

Stellen Sie sich einmal vor, Ihr alter Datschennachbar Viktor Antonitsch nimmt eines schönen Tages Anstoß an Ihrem Apfelbaum. Dessen Zweige, so beschwert sich Antonitsch, hingen über den Zaun auf seine Parzelle. Dort aber nähmen sie sowohl seinem Salatbeet die Sonne als auch ihm selbst, wenn er im Liegestuhl ruhe. Ganz schlimm sei es im Herbst, weil Ihr Baum da sein Obst auf Viktors Grundstück fallen lasse, wo es verrotte und einen üblen Gestank verbreite.

Mir ist durchaus bewußt, daß ich Ihre Vorstellungskraft über Gebühr strapaziere. Ihren Nachbarn auf der Datschensiedlung kennen Sie seit vielen Jahren. Sie sind aufs beste miteinander befreundet, helfen einander aus, und von den Äpfeln Ihres Baumes kriegt Antonitsch zu jeder Erntezeit einen Zentner ab, auf daß seine Frau die Früchte zu Kompott oder Gelee verarbeite, zu Labsal und Nahrung in der harten Winterszeit.

Sprengt das bisher Gesagte bereits den Rahmen Ihrer schwärzesten Phantasien, so halten Sie sich fest: Es kommt noch schlimmer. Stellen Sie sich also weiter vor, daß Viktor Antonitsch auf kein begütigendes Wort Ihrerseits eingeht. Er ruft vielmehr die Miliz auf die Datscha und erstattet Anzeige gegen Sie wegen Ihres Apfelbaumes. Die Dinge nehmen ihren Lauf, und eines Tages sehen Sie sich vor dem Richter wieder, der Sie dazu verurteilt, das Geäst des Baumes zurechtzustutzen.

Ich kann es Ihnen nicht verdenken, wenn Sie sich jetzt an den Kopf greifen und die Vermutung äußern, daß der Autor dieser Zeilen offensichtlich übergeschnappt sei. Die soeben geschilderte Szene ist absolut undenkbar, selbst im neuen Rußland, wo man seine Äpfel dem Nachbarn auch nicht mehr schenkt, sondern verkauft.

Doch in Deutschland ist das Undenkbare Alltag. Manchmal hat es den Anschein, als ob die Deutschen keinen besseren Zeitvertreib kennten, als vor Gericht zu ziehen – oft, versteht sich, wegen Nichtigkeiten. Ein Rentner aus Bad Segeberg etwa prozessierte bis vor den Dritten Senat des schleswig-holsteinischen Oberverwaltungsgerichts, weil er höchstrichterlich die Schicksals- und Daseinsfrage entschieden haben wollte, ob ein Bürger vor Betreten einer Amtsstube anklopfen müsse oder nicht.

In diesem Fall urteilten die Richter außergewöhnlich vernünftig, indem sie die Klage abwiesen. Klopfen oder nicht klopfen, so ihr Urteil, sei keine juristische Frage, sondern ausschließlich eine Frage der Höflichkeit und des guten Benehmens. Beides hat der Gesetzgeber nicht ausreichend definiert (in Deutschland eher die Ausnahme), so daß Richter diese Begriffe nicht justitiabel machen können. In anderen Fällen jedoch verlieren sich Deutschlands Juristen nur allzugern im Dickicht der Paragraphen, wenn ein Bürger wieder einmal eine Streitfrage prinzipiell geklärt zu haben wünscht.

Die Zahlen sprechen für sich: Bei den Amtsgerichten der Bundesrepublik Deutschland – der untersten Instanz – sind jedes Jahr fast zwei Millionen sogenannte

Zivilverfahren anhängig, mit jährlich steigender Tendenz. Ein Viertel davon entfallen auf Nachbarschaftsklagen – etwa wegen eines Apfelbaumes in Nachbars Garten.

Daß ich diesen Fall nicht an den Haaren herbeigezogen habe, kann ich Ihnen beweisen. Lassen Sie mich nur zwei Absätze aus einer Klageschrift eines Haus- und Gartenbesitzers zitieren, der seine Nachbarin – wenn auch nicht wegen eines Apfelbaumes – vor den Kadi gezerrt hat: »II. Die Beklagte zu 2) wird verurteilt, es zu unterlassen, Zweige von Bäumen und Sträuchern, insbesondere der Felsenbirne und des Pfeifenstrauchs sowie der Fichtenhecke im Norden des Grundstückes, umzubiegen oder abzubrechen. III. Der Beklagten zu 2) wird für jeden Fall der Zuwiderhandlung gegen Ziff. II. ein Ordnungsgeld bis zu 500000.– DM und für den Fall, daß dieses nicht beigetrieben werden kann, Ordnungshaft bis zu 6 Monaten angedroht.«

Lassen Sie sich nicht erschrecken. Niemand wird von Ihnen eine halbe Million Mark verlangen oder Sie für ein halbes Jahr ins Gefängnis stecken wollen, weil Sie sich während eines Urlaubs in Deutschland versehentlich an einer fremden Felsenbirne vergreifen. Die Möglichkeiten, Opfer der deutschen Prozeßwut zu werden, sind im Urlaubsfall eher begrenzt. Falls Sie sich aber dazu entschlossen haben, beruflich oder privat länger in Deutschland zu bleiben, kann es nicht schaden, diese nicht unbedeutende Charaktereigenschaft Ihrer Gastgeber ein wenig kennenzulernen.

Erste theoretische Studien können Sie übrigens ganz bequem zu Hause beginnen. Nehmen Sie den deutschen Klassiker Heinrich von Kleist zur Hand und lesen Sie seine Novelle *Michael Kohlhaas*, die zur Zeit der Reformation im 16. Jahrhundert spielt. Wenn Ihnen bei dieser Lektüre nicht die Haare zu Berge stehen, dann sind Sie wirklich für jede Eventualität in Deutschland gerüstet.

Die literarische Figur des Kohlhaas ist so deutsch, wie Wilhelm Tell schweizerisch, Tartarin von Tarascon französisch und Pawel Iwanowitsch Tschitschikow russisch ist. Kohlhaas, ein Pferdezüchter aus dem Brandenburgischen, wird von einem Junker ungerecht behandelt, der ihm zwei schmucke Rappen entwendet und bei der Feldarbeit zu Schindmähren verkommen läßt. Verständlich, daß dem Michel Kohlhaas dies mißfällt, aber weil er ein Deutscher ist, beschreitet er den Rechtsweg, um seine Pferde gesund und vom Junker hochderoselbst »dickgefüttert« wiederzubekommen.

Nun hätte selbst der beschränkteste russische Muschik aufgrund seiner Erfahrungen mit der Obrigkeit und der Justiz das Ergebnis dieser Mühen von vornherein gekannt. Wie heißt es doch so realitätsnah in einem unserer Sprichwörter: Vor Gott stelle eine Kerze auf, vor dem Richter einen Geldsack. Wer dies nicht tut – und der Kohlhaas glaubte doch tatsächlich auf dieses elementare Hilfsmittel verzichten zu können –, wird lange auf sein Recht warten können.

Kleists Pferdehändler indes geht durch alle Instanzen. Erst als ihm nirgendwo Gerechtigkeit widerfährt, beschließt er, sich diese selbst mit Gewalt zu verschaffen – eine Idee, auf die ein unternehmender russischer Kohlhaas in einer ähnlichen Situation von Anfang an gekommen wäre, ohne die umständlichen und überflüssigen Umwege durch die Gerichte. Es kommt, wie es kommen muß: Der Landfriedensbrecher Kohlhaas wird gefaßt und zum Tode verurteilt. Aber sein Widerpart, der Junker, wurde von den Behörden dazu verurteilt, die Pferde wieder hochzupäppeln. Unter dem Schafott erhält Kohlhaas die Genugtuung, seine Rösser gesund und fett vorzufinden. Gerechtigkeit ist geschehen, und voll innerem Seelenfrieden beugt er den Kopf unter das Richtbeil. De jure kann man wohl von einem deutschen Happy-End sprechen.

Seither sind ein paar hundert Jahre vergangen, und mittlerweile beginnen die Deutschen selber festzustellen, daß sie es mit ihrer Paragraphenreiterei vielleicht doch ein wenig zu weit treiben. »Sind wir das Volk der Querulanten?« fragte eine seriöse Wochenzeitschrift. Die Antwort kam verschlüsselt, aber deutlich: Allem Anschein nach ja. Die Umgangssprache kennt den negativ besetzten Begriff des »Prozeßhansls« und sogar die höchsten Staatsorgane, Bundeskanzler und Bundespräsident, haben die allzu große Prozeßfreudigkeit der Deutschen beklagt. Das Staatsoberhaupt forderte eine »Ethik der Klageerhebung«. Vermutlich meinte er damit, daß jedermann vor einem Gang zum Anwalt still mit sich zu Rate gehen solle, ob seine Beschwerde überhaupt sittlich zu rechtfertigen sei. Wahrscheinlich sprach der Präsident aus bitterer Erfahrung: Der studierte Jurist war jahrelang Richter am Bundesverfassungsgericht.

Bezeichnenderweise machten sich Kanzler und Präsident ihre Gedanken anläßlich einer Feierstunde vor diesem höchsten deutschen Gericht. Bezeichnenderweise, weil deutsche Berufspolitiker zunächst einmal mit sich selbst zu Rate gehen sollten. Die in rote Roben gehüllten Verfassungsrichter mußten nämlich im Laufe der vergangenen Jahre immer mehr Fälle entscheiden, die in anderen Ländern Sache der Parlamente gewesen wären. Auch die Vergangenheit wird in Deutschland häufiger im Gerichtssaal als in der politischen Diskussion bewältigt: Ob Naziverbrecher, Stasischergen, oder linksextreme Terroristen – die Urteile werden immer im Namen des Volkes und nicht von einem politisch wachen und interessierten Volk ausgesprochen. So betrachtet, hat es in der knapp fünfzigjährigen Geschichte der Bundesrepublik vermutlich mehr politische Prozesse gegeben als in den gut siebzig Jahren Sowjetunion.

Wo die politische Führung des Landes mit schlechtem Beispiel vorangeht, kann der Durchschnittsbürger nicht zurückstehen. Die Sucht recht zu haben, zu behalten oder zu bekommen, beschäftigt mittlerweile in der Bundesrepublik mehr als 70000 Anwälte – das ist fast ein europäischer Rekord, sieht man einmal vom Sonderfall Griechenland ab, wo es überhaupt keinen anderen Berufsstand zu geben scheint. Rußland befindet sich in dieser Hinsicht noch auf einem sehr niedrigen Entwicklungsniveau. Unsere Anwälte müssen sich erst einmal von den Erfahrungen der Vergangenheit befreien, wo sie lediglich Teil eines von Miliz, KGB und Staatsanwalt inszenierten Dramas waren.

Kein Anlaß erscheint den Deutschen zu gering, um nicht die Justiz damit zu beschäftigen. Da Sie dieses Kapitel ohnehin unter Kopfschütteln lesen und es als Teil eines phantastischen Märchenbuches betrachten, kann ich Ihnen getrost einige Beispiele aufzählen. Sie werden ahnen, daß diese keinesfalls Anspruch auf Vollständigkeit erheben. Einfach glauben müssen Sie mir, daß es sicher noch abstrusere Fälle gibt – wird doch an deutschen Gerichten täglich aufs neue Rechtsgeschichte geschrieben.

Um kleine Knopfbatterien ging es beispielsweise einmal vor dem Bundessozialgericht in Kassel, der höchsten Sozialgerichtsinstanz im Lande. Die Klägerin, eine schwerhörige Dame, wollte nicht einsehen, daß ihre Krankenkasse ihr die Kosten der Batterien für ihr Hörgerät zu ersetzen nicht bereit war. »Blinde bekommen das Futter für ihre Blindenhunde und wir keine Batterien für die Hörgeräte – da stimmt doch was nicht«, wagte sie einen reichlich kühnen Vergleich. Das Gericht fand jedoch, daß hier alles mit rechten Dingen zugehe, und wies die Klage ab. Schwerhörige könnten das Geld für die Batterien selbst berappen, weil die Aufwendungen »geringfügig« seien. Offensichtlich kosten die kleinen Stromspender weniger als Hundefutter aus der Dose.

Einen tiefen Einblick in sein eigenes Sexualleben gestattete ein Amtsrichter in Mönchengladbach einem Kläger, der von einem Reisebüro Geld zurückverlangte, weil er während eines Menorca-Urlaubs mit seiner Freundin in zwei Einzelbetten statt in einem King-Size-Doppelbett untergebracht war. Lassen Sie sich, der Sie Ihre sexuellen Erfahrungen ich-will-lieber-nicht-wissen-wo gesammelt haben, die Klage des geprellten Liebhabers auf der Zunge zergehen: »Ein harmonisches Zusammensein mit meiner Partnerin war nahezu völlig verhindert, weil die Betten bei jeder kleinsten Bewegung mittig (!) auseinandergegangen sind.«

Der Richter stand dieser Lyrik in nichts nach: »Erstens«, so urteilte er, seien ihm »mehrere allgemein bekannte und übliche Variationen der Ausführung des Beischlafes bekannt, die auf einem einzelnen Bett ausgeübt werden können, und zwar durchaus zur Zufriedenheit aller Beteiligten.« Und zweitens hätte der Klänger ein Auseinanderdriften der beiden Einzelbetten mit seinem Hosengürtel verhindern können. Den hätte er im konkreten Fall vermutlich ohnehin nicht benötigt.

Beliebt ist bei deutschen Klägern, kleine Beschwerden zu massiven Angriffen auf die Menschenrechte aufzublasen. So schoß ein Stuttgarter mit Kanonen auf Tauben, dem man verboten hatte, diese Tiere auch weiterhin zu füttern. Er sah darin einen Verstoß gegen das Grundrecht auf die freie Entfaltung der Persönlichkeit.

Um nichts Geringeres als die Menschenwürde ging es bei einem Fall, den das Verwaltungsgericht in Kassel zu verhandeln hatte. Die sah eine 66jährige Rentnerin verletzt, weil ihr das Sozialamt einen Zuschuß zur Anschaffung einer elektrischen Brotschneidemaschine verweigerte. Wegen Arthritis, so argumentierte sie, seien ihre Hände »fast gebrauchsunfähig«; wegen einer Magenoperation müsse sie sich hauptsächlich von Weißbrot ernähren, das beim Schneiden mit einem gewöhnlichen Messer jedoch zerbrösele. Wir sehen an diesem Beispiel abermals die Wahrheit der Maxime bestätigt, daß kein Deutscher etwas ohne gute Begründung tut.

Man könnte diese Liste von Beispielen beliebig fortsetzen. Es gibt nichts, was nicht gerichtsnotorisch werden könnte: Hundekot und Hundeurin, in welcher Position man in einem städtischen Schwimmbad auf der Rutsche ins Wasser gleiten darf, wie groß ein Misthaufen sein darf, neurotische Schweine und freilaufende Rinder, und Seitensprünge eines Ehemannes, gegen die einmal in der schönen Pfalz nicht die Frau, sondern die Schwiegermutter klagte: Sie verlangte von dem untreuen Schwiegersohn die Herausgabe aller Geschenke.

Ein Geheimtip: Wenn Sie sich länger in Deutschland aufhalten, die Sprache gut verstehen und sich königlich amüsieren wollen, dann sollten Sie sich einen Vormittag lang in irgendein Amtsgericht setzen.

In diesem Fall stehen die Chancen gut, daß Sie Zeuge einer der so beliebten Nachbarschaftsstreitigkeiten werden, die ich Ihnen zu Beginn kurz skizziert habe. Will man dem deutschen Klassiker Friedrich Schiller Glauben schenken, dann handelt es sich um kein neues Phänomen, hatte er doch bereits erkannt, daß »der Frömmste nicht in Frieden leben« kann, »wenn es dem bösen Nachbarn nicht gefällt«. Aktueller formuliert: Zu einem anständigen nachbarschaftlichen Verhältnis gehören zwei Anwälte, ein Richter und mehrere laufende Meter Akten. Das Ergebnis hat bereits den treffenden Beinamen »Der Krieg der Gartenzwerge« erhalten.

Warum sich deutsche Nachbarn statt über den Gartenzaun über die Anwälte unterhalten – darüber haben sich schon manche kluge Menschen den Kopf zerbrochen; bis jetzt weitgehend ergebnislos. Vielleicht liegt es daran, daß sich im heiklen Bereich der eigenen vier Wände all die deutschen Empfindlichkeiten ballen: die Larmoyanz, wenn man sich schlecht behandelt fühlt; die schiere Lust an der Beschwerde und folglich am Prozeß; die Perfektionssucht, sobald irgend jemand oder irgend etwas die Fiktion vom angestrebten perfekten eigenen Heim trübt; und schließlich die Schadenfreude, jenes unübersetzbare, deutsche Gefühl des reinen und unbeschwerten Glücks, wenn einem anderen ein Mißgeschick widerfährt.

Was es auch sei, das explosive Ergebnis dieses brisanten Gemisches läßt sich tagtäglich zwischen Nordsee und Alpen, Rhein und Oder besichtigen. Geht man, wie wir gesehen haben, davon aus, daß jeder Deutsche sich mit seinem Eigenheim, seiner Eigentumswohnung ein privates Paradies schaffen will, dann scheint vielen das vollkommene, ungetrübte Glück erst erreicht, wenn sie dem Nachbarn das Paradies zur Hölle zu machen.

Anlässe zu Klagen (auch und gerade im juristischen Sinn) finden sich so viele, wie es menschliche Regungen, Beschäftigungen und Vorlieben gibt: Ob Sie einen Nagel in die Wand treiben (und sich nicht an die gesetzlichen Ruhezeiten halten), die Stereoanlage zu laut aufdrehen, Gäste zur Unzeit einladen, mit Ihrem Ehepartner streiten, dem Kanarienvogel nicht zur Mittagszeit das Singen abgewöhnen, nachts duschen, die Rhododendronhecke zu hoch wachsen lassen, den Müll nicht ordnungsgemäß entsorgen, Ihrem Ahorn erlauben, seine Blätter in Nachbars Garten abzuladen – um einen Vorwand zum Streit ist ein übelwollender Nachbar, der glaubt, daß seine Festung Eigenheim sich im Belagerungszustand befindet, nie verlegen. Es ist sogar ein Fall bekannt, in dem eine Klage angestrengt wurde, weil die Wäscheklammern des Nachbarn zu laut klapperten. Inzwischen werden Sie wissen, daß ich nicht scherze.

Manchmal allerdings schäumt das anarchische Element des Deutschen über und schwemmt all die kleinlichen Paragraphen weg – selbst wenn es um ein so geheiligtes Gut wie die ungestörte Nachtruhe geht. In München etwa organisierten ein paar Brauereien die »Erste Bayerische Biergartenrevolution« gegen einen Gerichtsbeschluß, der einen Biergarten der Landeshauptstadt dazu verpflichtet hätte, zur Vermeidung von Ruhestörung schon in den frühen Nachtstunden zu schließen. Ein paar tausend Menschen kamen pünktlich zum vorgesehenen Zeitpunkt zur Revolution, übergaben dem bayerischen Ministerpräsidenten ganz unrevolutionär, sondern eher untertänig eine Petition, worauf dieser huldvoll, aber rechtlich fragwürdig, das Urteil durch einen Verwaltungsakt aufhob.

Dies aber ist die Ausnahme, im Normalfall siegt das »gesunde deutsche Rechtsempfinden«. Da der Staat seine Pappenheimer kennt, läßt er sie in Rechtsfragen nicht allein. Praktisch jedes Bundesland gibt alljährlich einen juristischen Leitfaden für nachbarliche Konflikte heraus. Sie sind allesamt heimliche Bestseller, deren in die Zigtausende gehenden Neuauflagen immer im Handumdrehen vergriffen sind – sei es die bayerische Broschüre »Rund um die Gartengrenze«, das saarländische »Nachbarschaftsrecht« oder der Ratgeber aus Nordrhein-Westfalen mit dem sinnfälligen Titel »Zäune, Pflanzen, Paragraphen«.

Das alles fällt unter den Begriff Rechtsstaat, auf den Sie in Deutschland sehr schnell stoßen werden, weil er von staatstragenden Elementen immer im Munde geführt wird. Manche meinen, daß der Rechtsstaat ein Ersatz ist für ein Selbstverständnis, wie es andere Staaten haben – spöttisch sprechen sie im Zusammenhang mit dem Rechtsstaat von einem »anderen Rechtsradikalismus«.

Was sich auch hinter diesem Begriff verbirgt, hat am besten die Bürgerrechtlerin Bärbel Bohley beschrieben, die nach dem Untergang des Unrechtssystems DDR ihre Hoffnungen auf die Bundesrepublik Deutschland setzte und enttäuscht wurde: »Wir wollten Gerechtigkeit«, sagte sie, »und bekamen den Rechtsstaat.« Denn Rechtsstaat heißt zugleich Inflexibilität, Kälte und Paragraphenreiterei. Immerhin scheint seit einiger Zeit die politische Führung das Problem erkannt zu haben. Der Bundeskanzler sprach von der Gefahr, daß aus dem Rechtsstaat ein Rechtsmittelstaat werde.

Da Deutschlands Juristen das eigene Land bereits recht gut im Griff haben, blicken sie sich nach neuen Betätigungsfeldern um. Wie der Zufall so spielt, liegen diese im Osten: Mit einem wahren *furor teutonicus* haben sie sich gerade in Rußland auf das juristische Brachland gestürzt, das ein Jahrtausend Autokratie und Totalitarismus hinterlassen haben. Deutsche Anwaltskanzleien sind in Moskau, Piter und anderswo wie Pilze aus dem Boden geschossen, deutsche Experten haben russische Gesetze bis zum letzten Komma ausformuliert. Zur Sorge besteht gleichwohl kein Anlaß: Die letzte Nation, die ihrem Rechtssystem bei uns Geltung verschafft hat, waren die Tataren – und die griffen auf andere Mittel zurück, als sie den Deutschen zur Verfügung stehen.

Eine Frage, die Ihnen wahrscheinlich seit geraumer Zeit nicht aus dem Kopf gegangen ist, sollten wir zum Abschluß noch beantworten. Wie finanzieren all diese Rentner, Sozialhilfeempfänger und Eigenheimbesitzer ihr teures juristisches Hobby? Schließlich müssen Anwälte bezahlt, Gerichtskosten berappt werden. Nun, Sie werden es sich vermutlich schon gedacht haben: richtig, mit einer Versicherung! Um sich gegen alle Mißgeschicke des Lebens rundum abzusichern, schließt der vorausschauende deutsche Bürger eine Rechtsschutzversicherung ab.

Man könnte fast sagen, daß diese Versicherung die Krönung deutscher Zivilisationsgeschichte ist. Denn wenn der Justizapparat den deutschen Hang nach Sicherheit und Geborgenheit bedient, dann reduziert die Rechtsschutzversicherung die mit juristischen Streitereien verbundenen finanziellen Risiken auf ein Minimum. Zwar kommt sie noch nicht für Geldstrafen auf oder entsendet einen ihrer Mitarbeiter anstelle des Verurteilten in den Knast, aber sie bestreitet alle anderen Kosten, die bei einem Rechtsstreit anfallen.

Einen Haken allerdings hat auch diese Wunderversicherung. Da die Versicherungsunternehmen die deutsche Paragraphenliebe kennen, behalten sie sich vor, allzu eifrige Prozeßhansln wieder auszuschließen. Ihnen würde ich dennoch zum Abschluß einer solchen Versicherung raten, sofern Sie einen längeren Aufenthalt in Deutschland planen. Gewiß werden Sie nicht von sich aus die Gerichte bemühen. Aber denken Sie an Friedrich Schiller: Wie fromm Sie auch leben mögen, böse Nachbarn lauern überall.

## *Wo liegt eigentlich Deutschland? Fluch und Segen des Regionalismus*

Wer heute nach Rußland reist, der muß schon sehr spezielle Anliegen haben, wenn er auf direktem Weg nach Nowosibirsk oder Krasnojarsk fliegt. Gemeinhin ist für die meisten Ausländer Moskau weiterhin der Zielflughafen, wie zu alten Sowjetzeiten, als man die Einreise Fremder zentral an einem Ort kontrollieren wollte. Darüber hinaus ist Moskau ein Synonym für Rußland geblieben – und daran haben weder die Pracht noch die vorübergehende Macht St. Petersburgs je etwas ändern können.

Ein früher Rußlandreisender sah das ganz ähnlich: Als sich Napoleon Bonaparte anschickte, gegen das Reich der Reussen zu marschieren, da wählte er Moskau als Ziel des Feldzuges und nicht die Hauptstadt St. Petersburg. Der Franzosenkaiser wußte, was er tat: St. Petersburg einzunehmen, so soll er gesagt haben, hieße, Rußland nur am Kopfe zu kratzen; Kiew zu erobern, es lediglich am Fuß zu kitzeln. Wer aber Moskau einnehme, der treffe Rußland mitten ins Herz.

Was das alles mit Deutschland zu tun hat? Nun, hier hätte sich Napoleon schwergetan, das Herz einer einigen Nation zu finden. Er hatte es mit Bayern zu tun und mit Preußen, mit Hannoveranern und mit Württembergern. Die einen waren seine Verbündeten, die anderen seine Gegner. Nur Deutschland selbst gab es nicht, das existierte höchstens ansatzweise in der Phantasie einiger weniger Intellektueller.

Was aber ist Deutschland heute? Sie können nach Berlin fliegen oder nach Düsseldorf, nach Frankfurt oder nach Hamburg, nach Leipzig oder nach München. Sind alle diese Städte Deutschland oder keine? Natürlich ist das alles Deutschland, werden Sie einwenden. Gemach, wenn Sie sich lange genug in diesem Lande aufhalten, werden Sie erhebliche Unterschiede feststellen – in der Landschaft, der Sprache, der Geschichte und dem Brauchtum.

Im Grunde genommen ist Deutschland als Nationalstaat nach russischem, französischem oder englischem Vorbild nie gut gefahren. Zweimal endete das Experiment in einem Weltkrieg, und ob der 1989 begonnene dritte Versuch erfolgreicher und vor allem friedlicher verlaufen wird, muß sich erst noch weisen. Als lockerer Verbund verwandter Stämme hingegen ist es den Deutschen stets besser ergangen – sie hatten zwar keine Weltgeltung, dafür aber mußten sie keinen Blutzoll entrichten oder ihre Söhne auf dem Altar irgendeines Vaterlandes opfern.

Dem französischen Staatspräsidenten Charles de Gaulle wird der Stoßseufzer zugeschrieben: Wie soll man ein Land wie Frankreich regieren, das mehr als 300 verschiedene Käsesorten produziert. Aus französischer Sicht, wo vom allmächtigen zentralen Paris aus jedes noch so nichtige Detail in den einzelnen Departments reglementiert werden soll, mag dies in der Tat ein Problem sein. Aber kein Machthaber in Deutschland hat jemals die Tatsache als besonders erschwerend für seine

Regierungsaufgabe empfunden, daß in diesem Land rund 5000 verschiedene Würste und Wurstsorten produziert werden. Der Grund: Die Deutschen betrachteten lange Zeit die Vielfalt als eine Bereicherung, jede Normierung und Nivellierung hingegen als eine Verarmung.

Wie ungemein vielfältig Deutschland ist, das können Sie selbst leicht auf einer Reise durch das Land erfahren. Lassen Sie mich versuchen, Ihnen den Kontrast zu unserer soviel größeren, aber auch soviel eintönigeren Heimat mit einem einfachen Vergleich zu verdeutlichen: Mit der Bahn braucht man sieben Tage, um Rußland von Smolensk bis Wladiwostok zu durchqueren, eine Strecke aus dem Herzen Europas bis vor die Tore Japans. Aber die Landschaft ändert sich auf dem ganzen weiten Weg kaum. Gleich bleiben auch die Menschen, es sind Russen, die nicht einmal stark unterschiedliche Dialekte sprechen. Gleich bleiben die Städte – es sind mißglückte Provinzkopien des zaristischen St. Petersburg und der sozialistischen Einheitsarchitektur Moskauer Trabantenstädte. Auch in den Kochtöpfen wird man vergebens nach regionalen Besonderheiten suchen: Borschtsch, Pelmeni und Piroggen gibt es in Woronesch und in Rjasan, in Irkutsk ebenso wie in Chabarowsk.

Wieviel kleiner ist doch Deutschland! Mit einem Auto der gehobenen Mittelklasse, deutscher Fahrweise und auf freien Autobahnen können Sie es von Berchtesgaden bis Flensburg in gut sieben Stunden durchqueren. Dennoch ist es fast eine kleine Weltreise, die Sie von hohen Alpengipfeln durch dunkle Tannenwälder, zwischen lieblichen Weinbergen und über karge Heidelandschaften an eine rauhe nördliche Küste führt, an großen Strömen entlang oder über sie hinweg, durch selbstbewußte und eigenständige Städte, und vorbei an stolzen Domen, trutzigen Burgen, stattlichen Dörfern und reichen Abteien.

Nicht nur die Landschaft ändert sich, sondern auch die Sprache. Wenn Sie – was verständlich ist – aus Ihrem Deutschunterricht nur das Wort Mädchen kennen, werden Sie staunen, wie dieses sich allmählich wandelt vom bayerischen Diandl, übers fränkische Madla und das niedersächsische Mäken zur nordischen Deern. Von der Gastronomie ganz zu schweigen: Jeder Volksstamm ist stolz auf seine Regionalküche – vielleicht gerade deshalb, weil leider schon viel davon unter dem Ansturm der Pizzabäcker und Gyrosbrater, des Schnitzels mit der Einheitssauce und der Hamburger-Ketten verschwunden ist.

Das hat natürlich alles mit der historischen Entwicklung zu tun. Auch auf die Gefahr hin, Sie ein wenig zu langweilen, kann ich Ihnen einen kurzen geschichtlichen Rückblick nicht ersparen. Rußland wurde, ganz anders als Deutschland, immer von einem Zentrum aus kolonisiert, kultiviert und kujoniert. Die Befehle kamen aus Moskau, desgleichen die Leute und die Kochrezepte. Es mag sein, daß sich im Laufe der Jahrhunderte die Sibirjaken ein wenig eigenständig entwickelt haben; eine eigenständige Geschichte besitzen sie dennoch nicht – sie ist immer mit Moskau oder Petersburg verknüpft.

In Deutschland hingegen existierte eine unüberschaubare Vielfalt von kleinen und größeren, meist klitzekleinen, aber souveränen Territorien. Daß da Gegensätze entstanden, ist selbstverständlich; daß sie teilweise bis zum heutigen Tage anhalten, ist überraschend. Es

würde zu weit führen und ganz gewiß den Rahmen dieses Büchleins sprengen (strenggenommen würde das Thema enzyklopädische Ausmaße annehmen), Ihnen all die einzelnen, in der Vergangenheit wurzelnden Animositäten und Fehden zwischen einzelnen deutschen Stämmen, Städten oder gar Dörfern aufzuzählen. Als kleines Beispiel mag genügen, daß ältere Bewohner von Kufstein in Tirol gerne auf die Bauweise öffentlicher Gebäude hinweisen: Nur das Erdgeschoß ist gemauert, darüberliegende Etagen wurden aus Holz hochgezogen. Der Grund: Die Bayern schossen immer über die Grenze in den Ort, und Holzbauten waren eben schneller renoviert als steinerne Gemäuer.

Nicht einmal in der Religion ist dieses Volk sich einig. Jenseits der Landesgrenzen ist das anders und allemal überschaubarer: in Italien ist man katholisch, in Schweden protestantisch und in Rußland orthodox. Wer mit seiner Religionszugehörigkeit aus dem Rahmen fällt, der endet zwar nicht mehr auf dem Scheiterhaufen, als läßlicher Sünder gilt er mancherorts gleichwohl. Die Deutschen hingegen teilen sich grob gesprochen fünfzig zu fünfzig in Katholische und Evangelische. (Seit dem Zustrom von Türken gibt es zudem ein paar Millionen Muslime. Aber die sind ein Sonderfall und sollen hier nicht berücksichtigt werden.)

Auch dies ist ein Resultat der aufregenden deutschen Geschichte. Europas blutigster Religionskrieg, der Dreißigjährige Krieg, wurde nämlich auf deutschem Boden ausgefochten. An seinem Ende bot sich der Anblick nicht nur eines politischen Flickenteppichs aus Dutzenden von Klein- und Kleinststaaten, sondern überdies der einer konfessionellen Aufsplitterung. Mit dem ihnen eigenen Sinn fürs Praktische verfielen die Deutschen auf die Idee, daß alle Untertanen die Religion ihres jeweiligen Souveräns anzunehmen hatten. Dieses Prinzip trug den zündenden lateinischen Slogan *cuius regio, eius religio* (frei übersetzt: Wes Brot ich eß', des Lied ich sing') und wurde selbst dann noch erfolgreich angewandt, wenn irgendein Markgraf oder Herzog konvertierte. Das folgsame Volk konvertierte brav mit.

Grob gesprochen ist der Norden Deutschlands überwiegend protestantisch, der Süden stärker katholisch. Es gibt jedoch Einsprengsel der jeweils anderen Konfession im feindlichen Umland. In diesen Enklaven (der Fachmann nennt sie Diaspora) gab – und gibt – man sich traditionell kämpferischer. Die schwäbisch-protestantische Spielart etwa wird gern als Pietkong bezeichnet – was eher als Kompliment verstanden wird.

Da aber die Religionszugehörigkeit nicht ohne Einfluß auf den Charakter bleibt, existieren in Deutschland in gewisser Hinsicht zwei Nationen nebeneinander. Erinnern Sie sich an den auf Recht und Gerechtigkeit versessenen Michael Kohlhaas? Nun, der entspricht mehr der protestantischen deutschen Version, und es ist kein Zufall, daß Kleists Novelle zu Martin Luthers Lebzeiten spielt. Ein katholischer Kohlhaas hätte zwar auch auf sein Recht gepocht, wäre indes an den Fall mit einem größeren Maß an Verschmitztheit, ja Verschlagenheit herangegangen. Es ist ein bißchen so, als ob auf deutschem Territorium ein kleines Italien und ein kleines Schweden nebeneinander existierten.

Ebenfalls wichtig für Ihr Verständnis dieses merkwürdigen Landes ist der Konflikt, den praktisch alle deutschen Regionen mit dem vermeintlichen Erz- und

Oberspitzbuben austragen, nämlich mit Preußen. Deutschlands politisch und vor allem kulturell ältere und höherstehende Königreiche und Großherzogtümer (die Bayern und die Badener, die Sachsen und die Hannoveraner) haben es den ungezogenen Brandenburger Parvenues nie verziehen, daß sie sich erfolgreich zum *praeceptor Germaniae* aufschwangen – und das ohne jede Kinderstube und Kultur.

Sogar bis in unsere Breiten hat sich herumsgesprochen, daß vor allem Bayern und Preußen inniglich miteinander verfeindet sind. Das liegt vermutlich an der erfolgreichen und lauten bayerischen Propaganda, mit der die Führungen in München und Neuschwanstein von ihrer vaterlandsverräterischen Allianz mit Napoleon ablenken und sich mit den Lorbeeren eines freiheitsdürstenden Vorkämpfers regionaler Rechte schmücken wollten. Außerdem hat sich die lautstarke Rückbesinnung auf bayerische Traditionen und Werte immer als recht lukrativ für den Tourismus erwiesen, von dem dieses südliche Bundesland zu einem erklecklichen Anteil lebt. Besonders geglückt ist die Vermarktung des Bayernkönigs Ludwigs II., der wie die Reinkarnation eines bajuwarischen Stammvaters verehrt wird. Die offizielle Münchner Geschichtsklitterung hat dabei stets die Tatsache ausgespart, daß der »Märchenkönig« wegen seiner zerrütteten Finanzen (er baute Schlösser und finanzierte Richard Wagner) das bairische Königreich an den verhaßten Fürsten Bismarck buchstäblich verhökerte.

Auch andere deutsche Stämme pflegen bis zum heutigen Tag liebevoll ihre Aversion gegen Preußen (das die Alliierten 1945 dankenswerterweise als Staat abschafften) und Berlin: Hannover, dessen Könige ein Opfer der preußischen Habgier wurden; Sachsen, das sich jahrhundertelang dem barbarischen Nachbarn im Norden völlig zu Recht überlegen fühlte; das Rheinland mit seiner Geistesverwandschaft zum nahegelegenen Frankreich, das sich in den Karneval als einzige erlaubte Form der Kritik gegen die sturen Preußen flüchtete; und schließlich die Hansestädte, die ihre Unabhängigkeit einbüßten. An dieser Stelle muß allerdings erwähnt werden, daß manchmal auch umgekehrt ein Schuh aus der Sache wird: Zum 100. Jahrestag der großen Choleraepidemie in Hamburg blickten die Bürger des Stadtteils Altona recht hochnäsig auf die Hanseaten herab. Denn während die Seuche in Hamburg die Menschen wie die Fliegen dahinraffte, hielt sich die Krankheit im benachbarten Altona in Grenzen – aus einem einfachen Grund: Altona gehörte damals zu Preußen und war deshalb sauberer, ordentlicher und hygienischer.

Dieser Lokalpatriotismus übertrifft heute noch den Nationalstolz vieler Deutscher. Selbst nach der Vereinigung, die mit allerlei theatralisch-nationalistischem Brimborium durchgezogen wurde, bekannte sich nur eine Minderheit der Menschen zu der Aussage: »Ich bin stolz, ein Deutscher zu sein.« Nach einer repräsentativen Umfrage wollte nur jeder Fünfte diesen Satz unterschreiben. Viel eher fühlt man sich als Bayer oder Sachse, oder man ist stolz darauf, ein Münchner oder Leipziger zu sein.

Und selbst innerhalb von Städten gibt es – von Stadtteil zu Stadtteil – verschiedene Formen des Lokalpatriotismus. Auch das hat damit zu tun, daß die Geschichte im Unterbewußtsein vieler Menschen lebendig ist und daß man deshalb nie vergißt, unter welch unwürdigen, schmachvollen Bedingungen das eigene Viertel, das ein selbständiges Dorf war, der Residenzstadt einverleibt wurde. Schuld war wiederum Napoleon, der während seiner Herrschaft über weite Teile Deutschlands das französisch-zentralistische System über den Rhein hinweg verpflanzen wollte und deshalb Grenzen und politische Zugehörigkeiten stromlinienförmig zu vereinfachen suchte. Die zweite Welle topographischer Flurbereinigungen folgte unter den Nazis, die dritte unter den Demokraten der Bundesrepublik. Doch deren Fusionen wurden fast alle wieder rückgängig gemacht.

Aus all dem ergibt sich, daß viele Deutsche ihre Identität im kleinsten landsmannschaftlichen Rahmen finden. Staatliche Organe wie etwa der Bundespräsident oder der Bundeskanzler erfüllen diese Funktion nicht. Vom einen weiß man, daß er – im aktuellen Fall – Bayer ist, der andere kommt aus der Pfalz. Sie brauchen nur den Mund aufzutun, und schon verrät sie ihr Dialekt. Man akzeptiert zwar, daß sie in gewissem Sinne das ganze Land repräsentieren; gleichwohl hätte man volles Verständnis dafür, wenn sie – falls es hart auf hart käme – ihrer eigenen engeren Heimat den Vorzug gäben.

Dieses komplizierte Selbstverständnis ist für einen Russen zugegebenermaßen schwer nachzuvollziehen. Oder würden Sie sich stolz als Rjasaner oder Chabarowsker bezeichnen? Sicherlich, es gab immer eine Rivalität zwischen Moskau und Petersburg, die wir Moskowiter indes im Vertrauen auf unseren unschlagbaren, uneinholbaren Status nie so richtig ernst genommen haben. Zu kommunistischen Zeiten hatten wir Internationalisten zu sein (eine Art Weltbürgertum für

Proletarier) oder ein Sowjetvolk, heute sind wir Russen und Rechtgläubige und stolz darauf.

Deutschlands verhängnisvoller Nationalismus begann mit seiner ersten staatlichen Einigung, die sich dummerweise unter preußischen Vorzeichen abspielte. Zum ersten Mal in ihrer Geschichte hatten die Deutschen eine gemeinsame Hauptstadt – Berlin. Selbst in der Frühzeit Deutschlands, als der Kaiser des Heiligen Römischen Reiches deutscher Nation herrschte, gab es keine glanzvolle Haupt- und Residenzstadt. Der arme Kaiser war zeit seines Lebens auf Achse – von Pfalz zu Pfalz, wo er jeweils eine Zeitlang regierte und Recht sprach, um dann mitsamt seinem Hofstaat zur nächsten Residenz, dem nächsten Gerichtsstand weiterzuziehen. Diese Hauptstädte hießen Aachen oder Goslar oder Regensburg, von dem unbekannten Haveldorf Berlin war damals – ich möchte meinen, völlig zu Recht – nie die Rede. Als die Väter der alten Bundesrepublik dann 1949 das verschlafene rheinische Universitäts- und Pensionärsstädtchen Bonn zur »provisorischen« Hauptstadt bestimmten, da handelten sie – ob bewußt oder unbewußt – in einer großen Tradition.

Heute ist Berlin für uns wieder das Herz Deutschlands, also praktisch das Gegenstück zu Moskau, Paris oder London. Berlin haben wir von dem Genossen Schukow und seinen Soldaten erobern lassen; erst nach dem Fall Berlins war für uns der Große Vaterländische Krieg zu Ende. Und wir wollten unseren Teil von Berlin, um darauf das marxistische Pendant zum feudalen, militaristischen Junkerstaat errichten zu können.

Ein Trugschluß. Denn Berlin ist, wie Sie unschwer aus den oben angeführten Passagen erkennen können, eben immer noch nicht das Herz Deutschlands (und eigentlich auch keine Metropole). Geliebt wurde es allenfalls von den eigenen Bewohnern oder den pommerschen Junkern und ihren Hintersassen, für die eine Hauptstadt nicht provinziell genug sein konnte. Der Rest Deutschlands konnte sich mit dem neureichen und vorlauten Aufsteiger nie anfreunden.

Auch der erste Nachkriegskanzler der Bundesrepublik Deutschland, der Rheinländer Konrad Adenauer, machte aus seinem Herzen keine Mördergrube: Für ihn begannen die asiatischen Steppen (und das, liebe Leser, schloß natürlich uns Russen ein), gleich auf der anderen Seite der Elbe. Ironie der Geschichte: Sowjetrußlands langer Arm reichte exakt bis zur westlichsten Grenze dieser kulturellen Steppe.

Im Grunde genommen ist Berlin immer ein einziges großes Mißverständnis gewesen – nicht nur für uns, sondern vor allem für die Deutschen und die Berliner selber. Weil es Deutschlands größte Stadt war, hielt sie jedermann für eine Weltstadt, doch mit Metropolen wie London, New York oder Paris konnte Berlin höchstens für ein paar Jahre in den sogenannten goldenen Zwanzigern konkurrieren.

Und die beiden berlinischen Hälften nach dem Krieg? Nun gut, wir fuhren gerne in »unser« Berlin. Die Deutschen waren auch als Kommunisten ordentlicher und fleißiger, als es selbst kapitalistische Russen sein könnten. Deshalb gab es in Berlin, unserem westlichsten Vorposten, Dinge, von denen man nicht einmal in der Welthauptstadt des Proletariats träumen konnte. Aber selbst dem letzten Kolchosnik aus dem Stawropoler Kraj konnte niemand weismachen, daß die Karl-Marx-Allee und der Alexanderplatz Weltstadtniveau hätten. Ähnlich scheint es sich, wie mir westdeutsche Vertrauensleute berichten, in Westberlin verhalten zu haben. Als die Deutschen zum ersten Mal die Metropolen des Westens gesehen hatten, schrumpfte die Bewunderung für den Kurfürstendamm rapide.

Was nun aus dem wiedervereinigten Berlin werden soll, muß man abwarten. Wenn man sich allerdings die Baupläne für das Regierungsviertel betrachtet, dann steht zu befürchten, daß ein zweites Bonn dabei herauskommen wird – spießig, steril, sauber, nur zwei bis drei Nummern größer. Überhaupt können Sie in der früheren DDR verfolgen, wie alle Ecken und Kanten abgeschliffen werden. Die alte Bundesrepublik, sauber, geruchsfrei, hygienisch und abwaschbar wie eine Tupperware-Dose, gestaltet die fünf neuen Länder nach ihrem Ebenbild.

Zunächst waren es Neonleuchtschriften und Reklametafeln, Werbung, die in die heruntergekommenen Städte und Dörfer des Ostens Einzug hielten, und draußen vor der Ortseinfahrt entstanden ein Supermarkt und ein Baumarkt im schrillen Westdesign. Der Rest blieb grau, ramponiert, verwahrlost, und deshalb wirkten die Orte (wie eine deutsche Illustrierte treffend schrieb) »wie ein zerlumpter Vagabund, dem irgendein Scherzbold eine Seidenkrawatte umgebunden hat«. Heute trägt der arme Verwandte aus dem Osten schon den schicken Anzug zur Krawatte – er ist allerdings von der Stange, wie alles andere auch, mit dem er sich ausstaffiert, das er verzehrt oder anderweitig konsumiert. Maßanfertigungen behält sich bis auf weiteres der reiche Onkel aus dem Westen vor.

Wenn Sie früher, in der alten Zeit, öfter auf *komandirowka*, auf Dienstreise im ersten deutschen Arbeiter- und Bauernstaat gewesen sind, dann werden Sie sich die Augen reiben. Inzwischen muß man zwischen Rostock und Dresden schon nach irgendwelchen Überbleibseln des alten Regimes, unserer – wenn man so will – gemeinsamen Vergangenheit, suchen. Auch die Menschen scheinen sich geändert zu haben. Wenn Sie früher schon dachten, daß der VEB-Direktor aus Bautzen, mit dem Sie beruflich zu tun hatten, unerträglich deutsch sei, dann sollten Sie ihn einmal heute sehen, da er sein mittlerweile entschlacktes und verschlanktes Unternehmen als Geschäftsführer leitet. Er ist ehrgeizig, arbeitet gewinnorientiert, kennt nur seine Arbeit, und das Rauchen und Trinken hat er sich wahrscheinlich längst abgewöhnt.

Tun Sie sich selbst einen Gefallen: Vergleichen Sie nicht die Fortschritte beim Übergang zum Markt in der ehemaligen DDR mit den Zuständen bei sich daheim in der ehemaligen UdSSR. Denken Sie daran, daß es auch schon in sozialistischen Zeiten ein deutliches Wohlstandsgefälle zwischen dem Zentrum der Weltrevolution und der kleinen deutschen Arbeiter- und Bauernprovinz weit drüben im Westen gab. In der DDR vertilgte man leckere Würste und erfrischendes Radeberger Pils, derweil wir unseren Durst mit Wodka oder mit Fruchtsaft aus aufgelösten Bonbons stillen mußten. Vergessen Sie vor allem nicht, daß die Ostdeutschen einen reichen westdeutschen Onkel hatten. Und übersehen Sie nicht, daß es gerade deshalb schmerzhafte Anpassungsprobleme gibt.

Sie werden sich wundern zu hören, wie unzufrieden

viele Ossis mit den Früchten der Wiedervereinigung sind; denn eigentlich ergeht es den Ostdeutschen um Längen besser als allen anderen ehemaligen sozialistischen Brudernationen: Das beginnt schon mit dem Reisen. Über Nacht erhielten sie alle bundesdeutsche Europareisepässe, die ihnen so gut wie alle Länder der Erde öffnen. Ein Visum brauchen die Deutschen nur für solche Länder, in die sie sowieso nicht fahren wollen: Nordkorea, Irak oder Usbekistan, um nur ein paar Beispiele zu nennen.

Anders als auf dem Newski Prospekt oder der Twerskaja Uliza finden Sie in den Städten Ostdeutschlands keine gebeugten Greisinnen, die selbstgehäkelte Topflappen verkaufen müssen, um nicht zu verhungern. In der früheren DDR ist niemand so tief gestürzt wie zwei Drittel der russischen Bevölkerung. Im Gegenteil: Die Ossis haben kein Familiensilber verscherbeln müssen, sie sind vielmehr einkaufen gegangen, als ob sie ihr Lebtag nichts anderes getan hätten – jeder Zoll ein würdiger Neffe des Wessi-Onkels. »Ein Volk steht auf« – so der Westspott, »und geht zu Aldi.«

Weil zum Leben aber mehr gehört als Aldi, das Allgäu und der neue Audi und weil der reiche Onkel dem armen Verwandten tagein, tagaus seine Großzügigkeit unter die Nase gerieben und demütige Dankbarkeit dafür verlangt hat, geht es in Deutschland bis heute nicht wie unter Freunden oder Feinden zu, sondern wie in einer Familie. Das alte Bonmot von Karl Kraus, wonach das Wort Familienbande einen Beigeschmack von Wahrheit hat, wird in Deutschland Ost und Deutschland West heute besser denn je verstanden. Die Konsequenz: Fünf Jahre nach dem Ende ihrer Republik halten sich fast drei

Viertel aller Ostdeutschen in der neuen Republik für Bürger zweiter Klasse.

Ein bißchen zu schwärmerisch hatte es seinerzeit der alte Willy Brandt empfunden, der einen stilistischen Ausflug in die Botanik unternahm und sich darüber freute, daß »zusammenwächst, was zusammengehört«. Eher handwerklich und realistischer hat es der damalige DDR-Dissident Jens Reich ausgedrückt: »Hier wurden zwei völlig verschiedene Gesellschaftsordnungen zusammengenagelt und die Menschen in ihnen dazu. Die beiden Teile Deutschlands reiben sich wie Kontinentalschollen.« Viele seiner Landsleute sahen das ebenso: Sie empfanden die Vereinigung als demütigend und kränkend. »Wem gefällt es schon, wenn er eine High-Tech-Wasserspülung nicht bedienen kann und sich deswegen als schlechterer Mensch beschimpfen lassen muß«, meinte ein Ostberliner einmal resignierend.

Inzwischen hat man bemerkt, daß dieselbe Sprache und ein paar Jahrzehnte gemeinsamer Geschichte in einem einheitlichen deutschen Nationalstaat noch keine Garantie für ein inniges Zusammenleben sind. Deshalb spucken Deutsche auf beiden Seiten der alten Demarkationslinie täglich Gift und Galle: Faule Schmarotzer, die sich von uns nur durchfüttern lassen, heißt es im Westen über den Osten. Neunmalkluge Besserwisser ohne Herz und Charakter, die das Leben überhaupt nicht kennen, schimpft man im Osten über den Westen.

Merkwürdigerweise scheinen sich beide Seiten mit jedem Jahr des Zusammenlebens weiter voneinander zu entfremden. Wenn man Ossis um eine Charakterisierung ihrer westlichen Verwandtschaft bittet, dann klingt das wie eine Beschreibung des Klassenfeindes:

Rücksichtslos seien die Wessis, überheblich und aufs Geld bedacht, außerdem liebten sie ihr Geschäft mehr als ihre Kinder. Die Ossis, versteht sich, sehen sich als das genaue Gegenteil. Nur zwei Eigenschaften schreiben sie allen Deutschen gleichermaßen zu: den Fleiß und die Gründlichkeit. Wer hätte das gedacht?!

Zuflucht sucht das zum Zusammenwachsen verurteilte Volk in Witzen, und die aus dem Osten sind nicht nur besser, sondern vor allem bitterer – die alte, sowjetisch geprägte Schule eben. Sagt verächtlich der Wessi zum Ossi: »Ihr kämpft ja nur fürs Geld, wir aber für die Ehre.« »Richtig«, sagt der Ossi. »Jeder kämpft um das, was ihm fehlt.«

Ich weiß von zwei Deutschen, dem einen aus der Bundesrepublik, dem anderen aus der DDR. Beide waren fast auf den Tag genau gleichaltrig, beide waren jeweils nur wenige Kilometer von der deutsch-deutschen Grenze entfernt aufgewachsen, beide arbeiteten als Auslandskorrespondenten in Moskau, wo sie sich kennenlernten. Eines Abends setzten sie sich bei ein paar Flaschen Nordhäuser Doppelkorn zusammen und verglichen ihre Leben: Kindergarten, Märchenbücher, Filme, Idole, Romane, Urlaubsreisen, prägende Erlebnisse.

Sie kamen zu einem nur auf den ersten Blick überraschenden Ergebnis. Offenkundig waren sie auf zwei verschiedenen Planeten aufgewachsen, auf denen zufällig dieselbe Sprache gesprochen wurde: Was für den einen Donald Duck, war für den anderen das Sandmännchen; erinnerte der eine sich an die Lektüre von Sartre und Charles Bukowski, dann hatte der andere Theodore Dreiser verschlungen, Amerikas unbekanntesten großen Dichter; war der eine mit der Freundin nach

Südfrankreich gereist, hatte der andere seine große Liebe in einem Ferienlager des Komsomol auf der Krim kennengelernt.

Ich fand dieses Beispiel immer besonders einprägsam. Denn es zeigt, daß es noch mindestens eine Generation lang dauern wird, bis sich die einander so fremden Deutschen wieder einmal kennengelernt haben. Es sei denn, man griffe den – vermutlich ironisch gemeinten – Vorschlag der *Süddeutschen Zeitung* aus München auf, die Bevölkerung Ost- und Westdeutschlands ganz einfach auszutauschen.

Immer deutlicher macht sich seit Jahren ein zusätzliches Element in diesem deutschen Kaleidoskop bemerkbar – die schätzungsweise vier Millionen Ausländer, die seit langem, für längere Zeit oder auf Dauer zwischen Ostsee und Alpen leben. Ausländer ist allerdings recht pauschal ausgedrückt, denn in Deutschland nimmt man (ebenso wie in Rußland) sehr präzise Feinabstufungen bei den Fremden vor: Ganz oben auf der Willkommensliste rangieren die westlichen Ausländer aus Amerika oder Europa, allen voran jene, die sich nicht im Lande niederlassen wollen, sondern auf Urlaubsreisen das deutsche Bruttosozialprodukt fördern. In diese Kategorie fallen auch, obschon von fremdländischem Aussehen, die Japaner.

Ganz unten stehen bettelarme Flüchtlinge aus Schwarzafrika oder vom indischen Subkontinent. Dazwischen tummeln sich Südeuropäer (tragbar allenfalls wenn sie EU-Bürger sind), Osteuropäer (je nördlicher, desto akzeptierter, je südlicher, desto unangenehmer, je östlicher, desto krimineller), Nordafrikaner (potentielle islamische Fundamentalisten und Mädchenhändler in einer Person) und Türken (mehr als zwei Millionen, seit drei Generationen im Land und mittlerweile recht stark eingedeutscht).

Auch die Bundesrepublik hat, wie andere reiche Industriestaaten, ihren Anteil an Angriffen auf Ausländer – und vielleicht sind sie hier wirklich brutaler und grausamer gewesen als anderswo. Namen wie Solingen, Mölln oder Hoyerswerda stehen für besonders abscheuliche Untaten. Fairerweise muß man jedoch hinzufügen, daß nirgendwo sonst eine derart zerknirschte Gewissenserforschung ob dieser Übergriffe betrieben wurde wie in Deutschland – auch wenn dies nicht immer freiwillig und aus einem lauteren Herzen heraus geschah. Viel schlimmer sind indes unmenschliche und undurchsichtige Verordnungen, mit denen Fremde tagtäglich auf Arbeits- und Ausländerämtern von sturen Beamten schikaniert werden.

## *Erbarmungslos gemütlich: Deutschland ganz privat*

Es gibt manches, auf das Deutsche stolz sind, ob nun zu Recht oder nicht. Die Deutsche Mark gehört dazu, auch deutsches Bier oder die Art, wie Deutsche ihre Autos bauen – und fahren. Doch mindestens ebenso stolz sind sie auf einen Seelenzustand, den es in dieser Form vermutlich bei keinem anderen Volk der Welt gibt. Dieser Zustand heißt Gemütlichkeit, und die Deutschen machen viel Aufhebens von der angeblichen Tatsache, daß es in keiner anderen Sprache ein entsprechendes Wort dafür gibt – also ein ähnlicher Fall wie die Schadenfreude.

Sie übersehen dabei zwar unser russisches Wort *ujutnij*, das im allgemeinen auch mit »gemütlich« übersetzt wird; aber sie haben schon recht: Der Begriff Gemütlichkeit hat im Deutschen eine Bandbreite, welche die Vorstellungskraft eines Russen sprengt. Ein, zugegeben, drastisches Beispiel möge genügen: Als gemütlich gilt auch eine Ansammlung mehrerer hundert johlender, lärmender, schunkelnder Menschen, die sich im Zustand fortgeschrittener Alkoholisierung (sei es durch Bier oder durch Wein) befinden und zu den falschen Tönen eines Blasorchesters wiederholt in den Ruf ausbrechen: »Ein Prosit der Gemütlichkeit!« Wenn Sie das erste Mal Zeuge einer derartigen Veranstaltung geworden sind, werden Sie verstehen, weshalb Kenner des Landes den Begriff von der »erbarmungslosen Gemütlichkeit« geprägt haben.

Gemütlich kann außer einem orgiastischen Massenbesäufnis fast alles sein: ein Zimmer, ein Restaurant, ein Sofa, ein Abend, ein Kaffeeklatsch, sogar ein Mensch. Im letzten Falle ist jedoch Vorsicht geboten, da Verwechslungsgefahr mit dem Gemütsmenschen droht, dem man lieber aus dem Weg gehen sollte, vor allem, wenn ihm »ein Gemüt wie ein Fleischerhund« nachgesagt wird. Das bedeutet, daß er ähnlich wie eine feiste Metzgerdogge die größten Grausamkeiten zu begehen imstande ist, ohne sich einer Schuld bewußt zu sein – gleichsam in aller Gemütsruhe.

Wenn der Deutsche Gemütlichkeit sucht, dann strebt er zurück in den Stand der Unschuld, ja vergleichsweise in einen embryonalen Zustand. Denn Gemütlichkeit bedeutet in erster Linie Geborgenheit, Wärme, Traulichkeit. Es scheint, als ob die Deutschen mit ihrer Gemütlichkeit in das verlorene Paradies des Biedermeier zurückkehren möchten, jene Zeit zu Beginn des 19. Jahrhunderts, als deutsche Biedermänner und -frauen den Herrgott einen guten Mann und die Welthändel eine Angelegenheit anderer Nationen sein ließen.

Eigentlich ein sympathischer, ein friedfertiger Zug: »Es gibt nichts Seltsameres als die deutschen Soldaten«, schrieb damals Madame de Staël. »Sie fürchten Erschöpfung und schlechtes Wetter, als ob sie Krämer oder Literaten seien.« Auch in der alten, noch nicht vereinigten Bundesrepublik dachte man ähnlich: Eine Reihe von Umfragen über die Jahre belegte, daß die große Mehrheit der Deutschen am liebsten zipfelmützig in einer Art beschaulicher, aber reicher Großschweiz leben wollte.

Auf alle Fälle bedeutet Gemütlichkeit bis heute eine Verneinung der Realität, und allein deshalb ist sie in der Tat eine treudeutsche Angelegenheit. Eine gemütliche Kneipe etwa läßt die harte, böse Welt draußen vor der Tür, und auch in einen gemütlichen Abend, den man sich auf dem gemütlichen Sessel bei einem gemütlichen Glas Tee macht, darf der kalte, graue Alltag nicht eindringen.

Ganz besonders wichtig für den Deutschen ist das gemütliche Heim, die gemütliche Wohnung, wo er es sich so richtig schön gemütlich machen kann. Wollen Sie einen deutschen Menschen restlos beglücken, dann beglückwünschen Sie ihn zu seinem gemütlichen Zuhause – auch wenn die Tapeten für Ihren Geschmack ein wenig zu grell sind, Gestecke aus Trockenblumen die Beistelltischchen schmücken und sich auf der Anrichte Handgetöpfertes aus der Toskana oder Gran Canaria breitmacht. Sehen Sie darüber hinweg: Wir wissen ja, daß Gemütlichkeit kein objektiver Tatbestand ist, sondern – ähnlich wie die Schönheit – im Auge des Betrachters liegt.

Gemütlich muß das Heim des Deutschen sein: Schließlich lebt er recht lange in seiner Wohnung, selbst wenn sie ihm nicht gehört. Gut jeder zweite Deutsche wohnt seit mehr als zehn Jahren in ein und derselben Wohnung und denkt nicht ans Ausziehen – im Gegensatz zu dem nomadisierenden Briten, der sein Reihenhaus zwar sein *castle* nennt, dieses indes gleichwohl alle paar Jahre veräußert und ohne jegliche sentimentale Anwandlung ein neues kauft.

Im Idealfall ist auch der Deutsche nicht Mieter, sondern Eigentümer seiner vier Wände. Anders als wir, die wir fast alle nach dem Dahinscheiden der Sowjetunion über Nacht unsere Wohnwaben geschenkt bekamen, weil keine Stadtverwaltung sie haben wollte, muß sich der Deutsche den Traum vom eigenen Häuschen hart vom Munde absparen.

Es überrascht nicht, daß ausgerechnet die Schwaben im privaten Hausbau bahnbrechend und wegweisend zugleich waren, gelten sie doch als Deutschlands sparsamster (manche würden sagen: geizigster) Stamm. Spötter meinen, daß auch die Schotten ursprünglich Schwaben gewesen seien, doch habe man sie wegen Verschwendungssucht aus Schwaben vertrieben.

Zurück zum Hausbau. Manchmal hat man den Eindruck, als ob Kolonnen von Reihenhäusern und Doppelhaushälften aus ihren Brutrevieren im Schwarzwald und auf der Schwäbischen Alb aufgebrochen und unter dem Kommando von Bausparkassen in Reih und Glied durch die ganze Republik marschiert seien, wo sie zunächst Brückenköpfe, dann Straßenzüge und schließlich ganze Siedlungen von Eigenheimen schufen. »Schaffe, schaffe, Häusle baue und net nach de Mädle schaue«, lautet der schwäbische Wahlspruch, und er verrät nicht nur beängstigenden Fleiß, sondern ebenso tiefe Menschenkenntnis: Woher sonst sollten die wakkeren Schwaben wissen, daß Frauen im Leben eines Mannes der teuerste Zeitvertreib sind. Wie dem auch sei: Der ursprünglich rein schwäbische Häuslebauer ist im ganzen Land zum festen Begriff geworden.

Der Hausbau scheint den Deutschen – immerhin sind sie Nachfahren der Erbauer der Hünengräber – im Blut zu liegen: Nach der Vereinigung schlossen die Ostdeutschen mit der größten Selbstverständlichkeit Bausparverträge ab, als ob sie ihr Lebtag nichts anderes getan hätten. Keine Spur von Fremdeln gegenüber kapitalistischem Grundbesitz. Nach imperialistischer Manier greift der deutsche Häuslebauer seit geraumer Zeit über die Grenzen hinweg: Die Toskana und das Elsaß sind fast komplett in seiner Hand, Holland und Schweden fürchten, das gleiche Schicksal zu erleiden, und mittlerweile gehen große Teile Nordamerikas in seinen Besitz über. Sogar aus einigen entlegenen Provinzen Kanadas, wohin vor nicht allzulanger Zeit überhaupt der erste Weiße vorgedrungen war, werden Proteste gegen die Germanisierung gemeldet.

Fast jeder Deutsche wird Ihnen haarklein auseinandersetzen, daß er eigentlich nur deshalb ein Haus gebaut oder eine eigene Wohnung gekauft hat, weil er Geld sparen wollte. Was auf den ersten Blick reichlich unlogisch wirkt, scheint bei näherer Betrachtung in sich schlüssig. (Ist es letztlich aber nicht!) Der deutsche Staat nämlich belohnt Häuslebauer mit einer recht großzügigen Steuerersparnis. Außerdem wird dem Häuslebesitzer *in spe* suggeriert, daß er »die Miete in die eigene Tasche zahlt«. Das ist natürlich blühender Unsinn. Der Betrag geht Monat für Monat nicht aufs eigene Konto, sondern an die Bank, bei der sich der stolze Hausbesitzer verschulden mußte. Zum Trost erfährt er, daß er nach dreißig, vierzig Jahren – also gleichsam wie im Flug – das Haus abbezahlt hat und dann kostenlos die eigenen vier Wände bewohnt. Was er erst nach Ablauf vierer Jahrzehnte erfährt: Das zu diesem Zeitpunkt in die Jahre gekommene Haus braucht ein neues Dach, oder die gesamten Installationen müssen überholt werden – der Hausherr zahlt mithin weiter.

Gemütlich muß die Einrichtung des Hauses sein, aber zugleich gediegen, wie es so schön auf deutsch heißt. Denn an der Möblierung einer Wohnung kann man – davon sind die Deutschen felsenfest überzeugt – den guten Geschmack und den Stil erkennen. Außerordentlich beliebt, weil außerordentlich gediegen, ist seit jeher der sogenannte altdeutsche Stil. Es läßt sich nicht mehr rekonstruieren, wer diesen Begriff geprägt hat. Merkwürdig ist nur, daß er keinem Deutschen merkwürdig vorkommt. Denn kein Mensch käme auf den Gedanken, seine Wohnung altrussisch oder altspanisch einzurichten. Das wäre viel zu unbequem.

Wundersamerweise jedoch ist altdeutsches Mobiliar – von frechen Spöttern als Gelsenkirchener Barock verunglimpft – recht bequem, anders möchte es der Deutsche ja nicht haben. Altdeutsch kann jedes Zimmer eingerichtet sein: die Küche, das Schlafzimmer und vor allem der Wohnraum. Im Idealfall sollte altdeutsches Mobiliar aus massiver Eiche gefügt sein, versehen mit ein wenig Schnitzwerk und mit Bezügen und Polstern, die entweder ein wenig ins Alpenländische oder ins großbürgerliche Fin de siècle spielen. Fichte furniert wird ab einem gewissen Alter und Einkommen verachtet, gilt jedoch als akzeptable Einstiegsdroge.

Manchmal werden Sie Deutsche über die Schwierigkeiten des Möbelkaufs klagen hören: Meist handelt es sich dabei um echte Schicksalsfragen, wenn zum Beispiel ein bestimmter Farbton um eine Schattierung oder zwei von der Farbe der Gardinen abweicht. Ein anderes Thema sind die langen Lieferfristen – sechs Wochen, manchmal sogar zwei Monate gehen ins Land, bevor die Schrankwand, die Eckbank geliefert werden. Sie haben ja inzwischen schon den Umgang mit den Deutschen gelernt.

Hören Sie also ruhig zu, schütteln Sie ab und zu entrüstet den Kopf und erzählen Sie keinesfalls, wie Sie daheim ihre Einrichtung zusammengetragen haben: teils von einem Freund mit Schreinerbegabung zusammengezimmert, teils auf Warteliste nach Jahren ergattert, teils ab morgens früh um vier in kalter Winterszeit im wahrsten Sinne des Wortes erstanden. Richtig, Sie wissen schon. Man würde Sie ohnehin nicht verstehen.

Sie werden sich nun vielleicht fragen, weshalb soviel die Rede von Bequemlichkeit ist, und ob wir immer noch über Deutschland reden. Denn dieses Volk, so haben wir schließlich gelernt, ist alles andere als bequem. Sind die Deutschen nicht die Spartaner Europas, die sich abhärten und stählen in mühsel'ger Fron? Sind sie es nicht, die nur ein Ziel im Leben haben – fleißig zu rackern, um den Mehrwert zu mehren und sich selbst dabei zu verzehren?

Na ja. Ich verrate Ihnen ein Geheimnis: Das stimmt schon lange nicht mehr. Deutschsein bedeutet längst nicht mehr, eine Sache um ihrer selbst willen zu tun; deutschsein heißt heute ebenso häufig, eine Sache möglichst spät, wenn überhaupt anzupacken. Nirgends ist dieser neudeutsche Hedonismus (der sich durchaus auch in altdeutschen Sitzecken austoben kann) augenfälliger als in der Freizeit der Deutschen. Ein gewichtiger Kanzler hat deshalb vorwurfsvoll das Wort vom »Freizeitpark Deutschland« geprägt, in dem nur gefaulenzt, aber nicht mehr gearbeitet würde. Dabei hat er allerdings zwei Dinge übersehen: Daß er selbst für diese Entwicklung verantwortlich zeichnet und daß die Deutschen in ihrer

Freizeit härter arbeiten als am Arbeitsplatz. Sie müssen nur einmal beobachten, mit welchem Ernst sie sich ihren Hobbys widmen oder ihrem Lieblingssport frönen.

Zuerst das wichtigste: Keine zweite Industrienation gewährt ihren Arbeitnehmern mehr Freizeit als Deutschland. Von unserem armen Rußland will ich gar nicht reden. Die Kommunisten hatten mit Feiertagen doch recht gegeizt. Nachdem sie uns alle kirchlichen Festtage geraubt hatten, glaubten sie uns mit dem Ersten Mai und dem Revolutionstag ausreichend abgespeist zu haben. An Lenins Geburtstag mußten wir sogar Sonderschichten am Samstag einlegen, Nun, wir haben das geschluckt, nicht zuletzt deshalb, weil wir die uns zustehende Freizeit eben irgendwann mitten in der Arbeitswoche abknapsten.

Den Deutschen aber könnte keine Macht der Welt einen Feiertag nehmen. Vielleicht ist dies der eigentliche, tiefsitzende Grund dafür, daß es in diesem Land nie eine Revolution gegeben hat. Ich stelle mir vor, wie eine Gruppe deutscher Revolutionäre irgendwo im Brandenburger Untergrund sitzt und die neue Republik nach der Machtübernahme plant. »Mit den Feiertagen«, ruft der radikalste Revoluzzer in die Runde, »mit diesem Feiertagsunsinn wird sofort aufgeräumt. Weg mit Fronleichnam! Nieder mit dem Buß- und Bettag!« Erschrecktes Schweigen senkt sich über die Runde. Soviel Radikalismus hätte man nicht einmal dem Genossen von der äußersten Linken zugetraut. Schließlich einigt man sich darauf, nach der geglückten Machtergreifung eine Feiertagskommission einzuberufen. Ihr sollen Vertreter der Kirchen, der Gewerkschaften und der Sportartikelhersteller angehören.

Sie meinen, das sei übertrieben? Nun, eine ähnliche Diskussion hat vor nicht allzulanger Zeit in Deutschland tatsächlich stattgefunden. Es ging ganz einfach darum, ob man eine neue obligatorische Versicherung nicht am besten dadurch finanzieren könnte, indem man einen oder zwei Tage aus dem reichlich bestückten Feiertagskalender strich. Doch was daraufhin anhub, war ein titanisches Ringen. Schließlich prallten zum ersten Mal zwei Grundpfeiler deutschen Selbstverständnisses aufeinander: das Sicherheitsdenken (das die neue Pflegeversicherung begrüßte) und die Freizeitmanie (die der Versicherung ein Opfer bringen sollte).

Ein Gutes hatte die Diskussion immerhin. Da wirklich alle Feiertage auf ihren Wert hin abgeklopft wurden, erfuhren Millionen von Deutschen wahrscheinlich zum ersten Mal in ihrem Leben, was an Fronleichnam wirklich gefeiert wird und warum es zu Pfingsten keine Hasen, sondern Ochsen gibt, und wunderten sich, daß letztere konsumtechnisch noch nicht vermarktet sind.

Strenggenommen sind die Feiertagsprobleme der Deutschen eine direkte Folge des Dreißigjährigen Krieges. Wie wir schon gelernt haben, bestand Deutschland am Ende dieses Krieges aus einem Flickenteppich kleiner und kleinster Grafschaften, Fürstentümer, Bistümer und freier Städte. Jede(s) hatte seine/ihre eigene Religion, und somit seine/ihre eigenen Feiertage. Als Deutschland dann 1871 von Bismarck erstmals geeint wurde, ließ man jeder Konfession ihre Feiertage. Sie sehen, selbst der Eiserne Kanzler hatte es nicht vermocht, den Deutschen einen freien Tag zu nehmen.

Wenn man kirchliche Feiertage also nicht antasten kann, dann sollte der Staat doch wenigstens in der

Lage sein, über seine, also die staatlichen Feiertage zu verfügen. Das ist gut gedacht, geht aber leider ebenfalls an den Realitäten vorbei. Das heißt: Auf einen Feiertag hätten die Deutschen sofort und aus freien Stücken zugunsten der Pflegeversicherung verzichtet: auf den Tag der Deutschen Einheit am 3. Oktober. Es war der neueste Festtag im Kalender, man hatte sich noch nicht an ihn gewöhnt, er fiel außerdem in die graue, sonnenarme Jahreszeit, und nach Feiern war den Deutschen viele Jahre nach ihrer Vereinigung ja auch nicht zumute. Wie gesagt, den 3. Oktober hätten sie gerne geopfert. Sie hatten jedoch die Rechnung ohne den Kanzler gemacht, der sein nicht ganz unwesentliches Gewicht zugunsten des Einheitstages in die Waagschale warf. Wer weiß, vielleicht träumt er davon, daß künftige Generationen diesen Tag ihm zu Ehren als Kohltag begehen.

Mit Nationalfeiertagen hatten die Deutschen eigentlich schon immer ein Problem. Meistens feierten sie ein Ereignis, das sich im Ausland abgespielt hatte: Mit martialischem Tschingderassabum beging das Kaiserreich den Sedantag – zur Erinnerung an die Schlacht von Sedan, das in Frankreich liegt. Die Nazis erhoben den Geburtstag ihres Anführers zum Feiertag – aber auch dieses verhängnisvolle Ereignis fand im Ausland statt, im österreichischen Braunau. Die junge Bundesrepublik wählte nach 1949 den 17. Juni zum Nationalfeiertag – zum Gedenken an den Arbeiteraufstand. Der aber fand genaugenommen auch im Ausland statt, nämlich in der Deutschen Demokratischen Republik.

So betrachtet wäre es nur logisch gewesen, als Feiertag des abermals geeinten Deutschland einen Tag im Juli zu wählen – zum Gedenken daran, daß Bundeskanzler

Helmut Kohl und der sowjetische Staatspräsident Michail Gorbatschow im kaukasischen Gebirgsort Archys in diesem Sommermonat des Jahres 1990 die deutsche Einheit besiegelten. Das Datum hätte den Vorteil gehabt, in die warme Jahreszeit zu fallen, in der man mit einem freien Tag mehr anfangen kann als bei Regen und Sturm. Aber es scheint das gemeinsame Schicksal von Deutschen und Russen zu sein, daß einschneidende Veränderungen, die Gedenktage nach sich ziehen, immer in die schlechte Jahreszeit fallen. Auch unsere Revolutionen fielen unweigerlich in den Winter oder in den Spätherbst. Vielleicht wäre Rußland ein anderes Land, wenn wir zur Abwechslung einmal im Sommer politisch aktiv würden, anstatt auf den Datschen die Tomaten und die Gurken hochzupäppeln. Aber diesen Gedanken auszuspinnen würde an dieser Stelle zu weit führen, und eigentlich gehört er auch gar nicht hierher.

Kehren wir lieber zurück ins Feiertagsparadies Deutschland und betrachten wir die zwei bedeutendsten Jubel- und Ehrentage – den Muttertag und Weihnachten. Sie sind deshalb herausragende Fixpunkte im Festtagskalender, weil sie offensichtlich zu nichts anderem geschaffen wurden als zu dem Zweck, das weiche deutsche Gemüt zu streicheln.

Der Muttertag ist indes gar kein richtiger freier Feiertag, weil er immer auf den zweiten Sonntag im Mai fällt. Wahrscheinlich ist dies bewußt so eingerichtet worden, damit sich Kinder und Ehegatten nicht mit vorgeschobenen Schul- und Arbeitspflichten vor dem Dienst an der Mutter drücken können. Damit bei Ihnen keine Mißverständnisse aufkommen: Geehrt werden wirklich nur Mütter und nicht, wie bei uns am internationalen

Frauentag, dem 8. März, alle Frauen. Feierkriterium ist offenbar die vollbrachte Gebär- und Aufzuchtleistung. Als ich neu in Deutschland war, gratulierte ich – wie am 8. März gewohnt – wahllos allen Damen in meiner näheren Umgebung, ob kinderlos oder nicht. Die wenigsten Frauen freuten sich darüber; sie verdächtigten mich entweder finsterer sexueller Gelüste oder des Hohns.

Muttertag ist also ein Familientag, und deshalb ist er eine Qual für den Großteil der Familie. Zur Ehrenrettung der Mütter sei gesagt, daß manche von ihnen diesen Tag ebenso unerträglich finden wie ihre Kinder und Ehemänner. Im Normalfall läßt sich Mutti zwar 24 Stunden lang genußvoll auf Händen tragen, allerdings nicht ohne spitz anzumerken, daß sich 364 Tage im Jahr keiner um sie schere. Entsprechend gedrückt ist die Stimmung aller Familienmitglieder. Der erste Tiefpunkt ist gemeinhin schon mittags erreicht. Wenn Sie am zweiten Maisonntag in einem Restaurant eine herausgeputzte Familie sehen, deren Angehörige mürrisch auf den Teller starren, während eine mißmutige Matrone mißtrauisch ihre Brut mustert, dann können Sie sicher sein, eine glückliche deutsche Familie an Mamis Ehrentag erspäht zu haben.

Der Muttertag ist indes nur ein Vorspiel, eine Probe für den höchsten, den heiligsten, den emotionalsten und unantastbarsten aller Feiertage: Weihnachten. Wahrscheinlich glauben Sie, daß es sich hier um ein der ganzen Christenheit gemeinsames Fest handelt, bei dem der Geburt Jesu Christi gedacht wird. Tut mir leid, Sie einmal mehr enttäuschen zu müssen: Weihnachten ist eine rein deutsche Veranstaltung, bei der die Nation Besinnlichkeit, Gemütlichkeit, Streß und Konsumgier zu einer äußerst potenten und explosiven Mischung verrührt. Anders ausgedrückt: Auch andere Nationen und Völker mögen Weihnachten kennen und feiern. Aber strenggenommen verstehen sie leider nichts davon und zelebrieren daher nur matte Kopien der echten, der gefühlvollen, der deutschen Weihnacht.

Sie glauben mir nicht? Betrachten Sie doch einmal, wie heutzutage in der zivilisierten Welt Weihnachten gefeiert wird. Welches Attribut ist wirklich unverzichtbar – egal ob in Nordamerika, in Rußland oder in internationalen Hotels in Südostasien, die sich für jene Deutschen weihnachtlich verkleiden, die dem Fest am mutmaßlich christkindfreien Strand von Phuket entkommen wollen? Richtig, es ist der Weihnachtsbaum. Bei uns heißt er *jolka* und wird zu Neujahr aufgestellt; letzteres aber nur, weil die Kommunisten einen winterlichen Ersatz für das verbotene christliche Weihnachtsfest schaffen wollten.

Ob *jolka* oder *Christmas-tree* – der Ursprung beider Bäume ist derselbe, und er ist deutsch. Bei genauerer Überlegung kann diese Sitte nur von einem Volk stammen, das ein derart mystisch überhöhtes Intimverhältnis zu seinen Nadelwäldern hat wie das deutsche. Wer sonst käme auf die Idee, sich einen ausgewachsenen Baum, nicht einen Blumenstrauß oder eine Topfpflanze, in die Wohnung zu stellen. Als ob dies nicht schon pervers genug wäre, wird dieses gemeuchelte Stück jungfräulicher Natur mit glitzerndem Flitter und Tand bis zur Unkenntlichkeit entstellt. Was, wenn nicht ein bizarres erotisches Verhältnis steht hinter dem Brauch, eine ehrliche Tanne mit allerlei Lametta zu einer Art floralen Transvestiten aufzudonnern? Welch sublime Form verdrängter

Lust versteckt sich hinter der außergewöhnlichen Sitte, einen Nadelbaum mit Äpfeln (!) zu behängen!

Und dennoch hat sich der Weihnachtsbaum weltweit durchgesetzt. Dahinter verbirgt sich eine bisher sträflich unterschätzte Marketingleistung erster Ordnung. Ein großer Teil des Verdienstes gebührt dabei fraglos Prinz Albert, dem Gemahl der britischen Königin Victoria. Albert stammte, wie so viele berufsmäßige Prinzgemahle und Prinzessinnen seiner Zeit, aus dem deutschen Hause Sachsen-Coburg-Gotha. (Bismarck sprach respektlos, aber treffend vom »Gestüt Europas«, aus dem sich die regierenden Häuser ihre Zuchtstuten und -hengste holten – aber das geht jetzt wirklich zu weit und führt uns von Weihnachten weg.) Prinz Albert also hing so sehr an seinem deutschen Weihnachtsbaum, daß er seine Vicky so lange beschwatzte, bis in Buckingham Palace die Mistelzweige (heidnisch nannte sie der Prinz!) durch – vermutlich rein christliche – Tannenbäume ersetzt wurden. Es kam, wie es kommen mußte: Die *first family* gab Ton und Moden an, und im Handumdrehen hatte der Christbaum den Globus erobert.

Es versteht sich von selbst, daß dem Baum in seinem deutschen Herkunftsland *die* zentrale Rolle zugewiesen wird – auch wenn die meisten Tannen und Fichten aus dänischen Nadelholzplantagen stammen. Bei Städtern, die das Jahr über einen Gummibaum nicht von einer Azalee unterscheiden können, werden in der Vorweihnachtszeit schlummernde Gene aus germanischer Vorzeit wach. So, wie ihre Vorfahren durch die undurchdringlichen Wälder Germaniens streiften, ziehen sie bei Schneeregen und Matsch über die Christbaummärkte –

immer auf der Suche nach der perfekten Edeltanne, der lotrecht aufgeschossenen Fichte mit den symmetrisch gewachsenen Ästen und Zweigen.

Meist sind es die Männer, die den Weihnachtsbaum nach Hause bringen – und den ersten Anlaß für einen ehelichen Zwist liefern, der in Deutschland traditionell zum sogenannten »Fest der Liebe« gehört. Frau und Kinder nämlich erheben Einwände, finden den Baum zu kurz, zu lang, zu krumm, zu kümmerlich oder zu buschig – kurz: die falsche Wahl. Niemand denkt daran, daß allfällige Unzulänglichkeiten des Bäumchens ohnehin unter üppigem Weihnachtsschmuck verschwinden, wichtig ist der Streit am fälschlicherweise so genannten Heiligen Abend.

Weihnachten gilt als klassisches Fest der Familie, und darin liegt vermutlich die Wurzel des Übels. Ob sie wollen oder nicht, ob sie sich leiden können oder ob sie sich hassen – das stille Fest schweißt sie zusammen. Daß damit hohe, aber unerfüllbare Erwartungen an Freude, Harmonie und Geborgenheit einhergehen, macht die Sache nicht leichter. Fatal ist auch, daß man aus dem erstickenden Schoß der Familie nicht ausbrechen kann: Zu Weihnachten arbeiten bestenfalls die Notdienste von Rotem Kreuz und Feuerwehr, sonst ist das ganze weite Land buchstäblich geschlossen – viel hermetischer noch als an einem gewöhnlichen Wochenende oder Feiertag. Die Firma ist zu, die Kneipe ebenfalls, und nicht einmal der beste Freund steht zur Verfügung – er muß mit seiner Familie Weihnachten feiern. Kein Wunder, daß viele Ehen just zum Fest der Familie und der Liebe in die Brüche gehen.

Falls Sie einen längeren, sprich: mehrjährigen,

Deutschlandaufenthalt planen, kann es Ihnen leicht geschehen, daß Sie in den Festtagsstrudel hineingezogen werden – zumal da Sie ein armer Mensch aus dem ehedem kommunistischen Osten sind, dem man ein richtig rührendes Weihnachtsfest stets vorenthalten hat. In diesem Zusammenhang müssen Sie vor allem eines lernen: Weihnachten ist in Deutschland auch und vor allem das Fest der Geschenke – und der gegenseitigen Erpressung.

Geschenke lassen sich in drei Kategorien unterteilen. Erstens, jene, die niemand braucht. Ganze Ladenketten in Deutschland sind auf den Verkauf nichtiger, aber teurer Überflüssigkeiten spezialisiert. Wer die Geldausgabe dafür scheut, bedient sich gern aus dem reichen Fundus der unnütz daheim herumstehenden Nippes. Der derart Beschenkte wird das Präsent dankbar weiterreichen, so daß es im Idealfall früher oder später beim Erstkäufer landet. Dieses Spiel vermag eine enge Bindung unter einander relativ fremden Menschen zu schaffen.

Zweitens, Geschenke, die man braucht und die deshalb detailliert bei Freunden oder Verwandten bestellt werden. Auf diese Weise ergibt sich ebenfalls ein schöner Aspekt der Nächstenliebe, der Ähnlichkeiten mit unseren Einkaufsexpeditionen im Sowjetparadies aufweist: Man kauft für den Nächsten ein, und der kümmert sich um meine Bedürfnisse. Diese Art von Geschenken haben überdies den Vorteil, daß sie keine unliebsamen Überraschungen in sich bergen.

Drittens, die Erpressungsgeschenke: Schenkst du mir, schenk' ich dir. Hier wird genau Buch darüber geführt, was wer im vergangenen Jahr von wem erhalten hat – und wieviel das Geschenk wert war. Das obligate Gegengeschenk orientiert sich dann in etwa an diesem

Richtpreis. Es soll allerdings vorkommen, daß der Wert der Präsente wie bei einer Auktion in derart schwindelerregende Höhen hochgeschaukelt wird, daß beide Seiten an den Bettelstab geraten.

Da Weihnachten schon soviel Unbill und Gefahren birgt, soll wenigstens das Wetter stimmen. Die weiße Weihnacht ist für den deutschen Menschen nämlich mindestens ebenso wichtig wie der gutgewachsene Tannenbaum. Weiß und verzuckert sollen in den Städten die Gäßchen und die Wäldchen auf weiter Flur daliegen, wenns Christkind die Seinen beglückt. Von spitzen Giebeldächern hängende Eiszapfen, Eisblumen an blanken Butzenscheiben und frostig knirschenden Schnee unter seinen festen Schritten – das wünscht sich der mit der Edeltanne heimwärts strebende deutsche Mensch.

Sie ahnen schon, daß die Ihnen durchweg als Realisten bekannten Deutschen zur Weihnachtszeit unter starken manischen Wunschvorstellungen leiden, die meilenweit von der Wirklichkeit entfernt sind. Das beginnt damit, daß in Deutschland Gäßchen, Giebeldächer und Butzenscheiben eher die Ausnahme sind. Die Erfahrungen mehrerer Jahrzehnte sprechen ebenso wie die Erkenntnisse der Meteorologen gegen die Wahrscheinlichkeit von stärkeren Schneefällen in der Vorweihnachtszeit; letztere haben für das vorherrschende Schmuddelwetter den Begriff der »Weihnachtsdepression« geprägt. Gleichwohl hofft die Nation alle Jahre wieder und wider jegliche Vernunft auf die romantische weiße Weihnacht – für die Dauer des Festes, wohlgemerkt. Denn so realitätsfremd sind die Deutschen nicht, daß sie die verkehrsbehindernden Qualitäten des Schnees nicht kennten. Im Idealfall würde sich das ganze Land vom 24. bis 26. Dezember in eine einzige riesige Schneekugel verwandeln, in der Stadt und Land nett bepudert sind. Ab 27. Dezember allerdings sollte dann, bitteschön, der Lenz fürwitzig sein blaues Band ein wenig wehen lassen.

Das führt uns zu einem Thema, das einen kleinen Exkurs notwendig macht: Die Deutschen und das Wetter. Nach dem Volksglauben in Deutschland ist kein Geringerer als der heilige Petrus für das Wetter zuständig, aber es hat fast den Anschein, als ob er die Deutschen partout nicht leiden könne. Denn egal wie das Wetter ist, die Mehrheit des Volkes ist unzufrieden damit und wird darin von den Massenmedien kräftig unterstützt.

Beispiel Frühling. Spätestens seit dem Ende der letzten Eiszeit hat der April in Mitteleuropa die Eigenschaft, ein launischer, wechselhafter Monat zu sein. Doch falls das kühle Wetter bis in den Mai oder gar in den Juni hinein anhält, bricht in Deutschland Panik aus. »Der Sommer ist hin, natürlich, verregnet wird er sein, schöne Bescherung, und wir haben einen Urlaub an der Ostsee gebucht.« Deutschland wäre nicht Deutschland, wenn eine längere Kaltwetterperiode nicht alsbald grundsätzlich diskutiert würde: »Das ist die Klimakatastrophe, schon nächstes Jahr beginnt eine neue Eiszeit, zieht euch warm an, 1a Grundstücke in Florida günstig zu verkaufen.«

Entsprechend groß ist dann die Erleichterung, wenn Anfang Juni die Sonne sich durchsetzt und die Temperaturen auf normale Sommerwerte ansteigen. Aber die Freude währt nicht lange: Nach drei, vier Tagen Sommer geht ein Stöhnen durchs Land: »Mann, ist das eine Hitze, das hält ja kein Mensch aus, regnet es denn überhaupt nicht mehr? Ich sage euch: das ist das Ozonloch, die Polkappen schmelzen, kauft Sonnenbrillen, 1a Grundstücke in den Anden günstig zu erwerben.«

Solche Diskussionen finden zu jeder Jahreszeit und zwischendrin jeweils vor Wochenenden und Feiertagen statt. Auf den ersten Blick könnte man meinen, die Deutschen wollten – ordentlich, wie sie nun einmal sind – das richtige Wetter zum rechten Zeitpunkt bestimmen: Schnee zu Weihnachten, linde Frühlingslüfte zu Ostern, moderate Wärmegrade im Sommer beziehungsweise Sonnenschein an Wochenenden und Regen während der Arbeitswoche. Bei genauerer Betrachtung indes wird Ihnen auffallen, daß eigentlich jeder einzelne sein privates Extraspezialwetter haben möchte, je nachdem, was er in seiner Freizeit vorhat.

Fest steht, die Deutschen klagen generell recht gern, so richtig zufrieden sind sie erst, wenn sie unzufrieden sind. Da es ihnen seit mehreren Jahrzehnten so gut geht wie nie zuvor in ihrer Geschichte und viel besser als all ihren Nachbarvölkern, haben sie die ideale Voraussetzung für Unzufriedenheit erreicht. Damit zollen sie jedenfalls ihrem Perfektionierungsdrang Tribut. Zugegeben, nicht alle Deutschen leben im Wohlstand, die Zahl jener, denen es alles andere als gut geht (und die nicht unzufrieden sind), nimmt zu. Außerdem lassen sich die Deutschen das Schicksal anderer Völker und Nationen zu Herzen gehen. Wenn es darum geht, den Opfern von Natur- oder Hungerkatastrophen Geld zu spenden, dann sind die Deutschen weltweit unübertroffen. Auch nach Rußland haben sie Milliardensummen überwiesen – wenn in diesem Fall nicht zuletzt die Überlegung eine Rolle spielte, daß ein hungriger Bär einen gefährlicheren Nachbarn darstellt als ein satter.

Freilich: Ganz so satt sind wir noch nicht, und deshalb dürften Sie sich bei Ihrem Aufenthalt in Deutschland oft über die Unzufriedenheit Ihrer Gastgeber wundern. Seufzend werden Sie sich denken: Eure Sorgen möchte ich haben – und dem Rothschild sein Geld. Hegen dürfen Sie diesen Gedanken, aber sprechen Sie ihn lieber nicht laut aus.

## *Von Lach- und Schließmuskeln: Der deutsche Humor*

Kennen Sie George Mikes? Nein? Schade, denn der gebürtige Ungar und gelernte Brite war eigentlich der Urahn aller *Gebrauchsanweisungen* für fremde und exotische Länder. Im Jahre 1946 erschien sein Büchlein *How to be an Alien*, ein »Handbuch für Anfänger und fortgeschrittene Schüler« zum Verständnis Großbritanniens. Sarkastisch, aber voller Sympathie schilderte er sein neues Heimatland, das damals allerdings noch viel schräger war als heute. Nur zum Thema Sex fiel ihm so wenig ein, daß dieses Kapitel aus einem Satz bestand: »Die Menschen auf dem Kontinent haben ein Sexualleben, die Engländer haben Wärmflaschen.«

Warum ich Ihnen das erzähle? Nun, im Laufe unserer Erzählung über Deutschland und die Deutschen haben wir ein Thema erreicht, über das es im Grunde genommen auch nicht viel mehr zu berichten gibt: den deutschen Humor. Gibt es den überhaupt? Britischen Humor, vor allem von der schwarzen Sorte, gewiß; französischen Esprit – *mais certainement.* Sogar wir Russen können uns zu Recht etwas auf unseren politischen Witz einbilden. Kein Wunder, ist er doch in Jahrhunderten politischer Unterdrückung herangereift.

Aber deutscher Humor? Ehrlich gesagt war ich versucht, es Altmeister Mikes gleichzutun, und dieses

Kapitel ebenfalls in einem Satz abzuhandeln: »Andere Völker besitzen einen Sinn für Humor, die Deutschen trainieren ernsthaft ihre Lachmuskeln.« In der Tat: In Deutschland lacht man gern, und – wovon sie sich schnell überzeugen können – vor allem laut. Daß dies kein neues Phänomen ist, belegt der Schriftsteller Roda Roda in einer Anekdote aus dem Vorkriegsdeutschland. Als er den Liftboy darum bittet, die vor seinem Fenster wiehernden Hengste wegzuführen, erhält er zur Antwort: »Verzeihen, das sind die beiden Herren Gutsbesitzer aus Mecklenburg. Sie lächeln.«

Jetzt werden Sie wahrscheinlich einwenden, daß dies doch ein recht hübsches Beispiel für Humor gewesen sei. Das mag schon sein, bedauerlicherweise aber war der Urheber der Geschichte, Roda Roda, ein Produkt Ostmitteleuropas, also jenes Seelenzustandes zwischen Weichsel und Wolga, Baltikum und Bukowina, der mit dem Zweiten Weltkrieg und dem Stalinismus unrettbar verlorenging. Deutsche Einsprengsel hatte Roda Roda nur sehr wenige, und daher ist er – leider – kein typischer Vertreter deutschen Humors.

Was ist nun deutscher Humor? Zumindest läßt sich sagen, daß er sich offensichtlich gut in Beton gießen läßt. Dies meinte jedenfalls der spanische Generalkommissar der Weltausstellung in Sevilla beim Anblick des deutschen Pavillons. Er erkannte in dem Gebäude eine »Mischung aus High-Tech und Humor«. Es wurde nie geklärt, was Señor Emilio Cassinello so spaßig fand – den durchsichtigen Netzvorhang vor der Fassade oder das elliptische Sonnendach. Wahrscheinlich war es das Karussell mit den übermannshohen Schelmenfiguren. Denn der Schelm kommt immerhin aus Deutschland:

Till Eulenspiegel wurde in Mölln geboren und trieb seinen Schabernack in allen deutschen Landen. Nur, was widerfuhr ihm? Ganz recht, er wurde von seinen humorlosen Mitbürgern aufs Schaffott gebracht. Ganz so gefährlich ist das Leben deutscher Schelme heute zwar nicht mehr; unter der Beschränktheit und Humorlosigkeit ihrer Umwelt haben sie indes noch immer zu leiden. Auf seinen dadaistischen Nonsense-Vers, »Der Chines' spielt leicht ins Gelbe, von Chinas Hasen gilt dasselbe«, erhielt der Humorist Robert Gernhardt entrüstete Zuschriften: Er stelle »Menschen und Nagetiere auf eine Stufe«. Es entrüsteten sich, wie Gernhardt fein betonte, Deutsche, nicht Chinesen.

Zurück zu dem irre komischen Expo-Pavillon. Sie werden völlig zu Recht einwenden, daß es keine spaßige Architektur gibt und daß weder der Kölner Dom noch der Dresdner Zwinger humorige Gebäude sind. Deshalb noch einmal: Was ist deutscher Humor? Deutsche Freunde springen bei dieser Frage auf und holen – ich rede im Ernst – ein Lexikon aus dem Regal, um die dort angegebene Definition vorzulesen. Demnach, so erfahren wir, ist Humor ganz allgemein die Fähigkeit, trotz der Schattenseiten des Lebens das Lächeln und die gute Laune nicht zu verlieren. Das erklärt uns wenigstens die im deutschen Volksmund verbreitete Definition: Humor ist, wenn man trotzdem lacht. Also eine Art Lachen zum Trotz?

Bei unserer Suche nach dem deutschen Humor hilft uns das nicht weiter, und Sie werden rasch erkennen, daß die Deutschen selbst ein Problem mit ihrem Humor haben. Weil sie ihr Humordefizit selbst recht schmerzlich zu empfinden scheinen, versuchen sie den Ursachen dieses

Mangels gewohnt gründlich nachzuspüren. Das bißchen Leichtigkeit, so scheinen sie zu denken, schaffen wir schon, und wenn es noch soviel Anstrengung kostet.

Beim Humor, heißt es oft in Deutschland, hört der Spaß auf. Genauso ist es. Nirgendwo sonst wird mit derart professoralem Ernst über diesen Gegenstand gesprochen. Da werden doch tatsächlich tiefschürfende Seminare zu diesem Thema veranstaltet, wo Gelastologen (zu deutsch: Lachforscher) aus dem Ausland zu Hilfe gerufen werden, um über dieses »Volk ohne Witz« zu referieren. (Allemal besser als ein »Volk ohne Raum«.)

Ich sollte vielleicht noch einmal betonen, daß ich nicht scherze – schließlich reden wir über deutschen Humor; es gibt solche Veranstaltungen, sie sind belegbar. Unter anderem ist bei diesen Gelegenheiten allen Ernstes die Rede davon, daß die Deutschen »als verspätete Nation identitätsgestört, halbherzig aufgeklärt und dabei im idealistischen Nirwana romantischer Utopiensehnsucht gefangen, weder Esprit noch den Hang zum Absurden haben«. Und als ob dies an Absurdität nicht zu übertreffen wäre, ist obendrein die Rede davon, daß die Deutschen bei ihren Heiterkeitsausbrüchen nicht über »voraufklärerisches Gefolgslachen« hinauskämen. Das haben wir uns beinahe gedacht.

Vielleicht hatte ein bekannter bayerischer Kabarettist diese Art von Seminar und die bierernste Beschäftigung mit den heiteren Dingen des Lebens im Sinn, als er meinte: »Die Deutschen haben wenig Humoristen hervorgebracht, dabei sind sie eines der komischsten Völker der Welt.« Ein Urteil, das Sie nach der bisherigen Lektüre vielleicht teilen können.

Übrigens gibt es gewichtige Vorbilder. Ich weiß zwar

nicht, wie Sie als geläuterter Kommunist zu Philosophen wie Immanuel Kant und Georg Friedrich Hegel stehen. Mit Sicherheit werden Sie sie jedoch nicht komisch finden. Dennoch haben sich schon diese beiden deutschen Denker mit großem Tiefsinn dem Thema Lachen gewidmet. Vom »Ur-Humanum« sprach Kant, einem »Affekt aus der plötzlichen Verwandlung einer gespannten Erwartung in nichts«, und Hegel definierte das Gelächter als Ergebnis des »Kontrasts des Wesentlichen mit der Erscheinung, des Zwecks mit dem Mittel«. Merkwürdigerweise sind von beiden Herren keine Bildnisse erhalten, die sie lächelnd, geschweige denn lachend zeigten.

Jetzt bin ich selber in ein humoristisches Proseminar deutschen Stils abgeglitten. Dabei sollen Sie doch aus diesen Zeilen in erster Linie praktische Tips entnehmen – in diesem Falle: Woran erkenne ich, daß ein Deutscher scherzt? Meistens am Lachen, und dies ist, wie wir bereits erfahren haben, im allgemeinen unüberhörbar und manchmal sogar ansteckend. Manchmal, aber nicht immer. Denn es kann geschehen, daß man über Sie lacht, zumal wenn Ihnen ein Mißgeschick zustößt, über das Sie selbst überhaupt nicht lachen können.

Es muß nun einmal gesagt werden: Die Deutschen haben einen starken Hang zur Schadenfreude. Er ist derart ausgeprägt, daß einige Völker das deutsche Wort in ihre Sprachen entlehnt haben, weil sie selbst keinen Ausdruck dafür besitzen. Wir wollen dieses Thema aber nicht vertiefen. Schließlich haben wir selber nicht nur ein russisches Wort, sondern auch Talent zur Schadenfreude, die wir daher generell als eine der gesamten Menschheit eigene Schwäche betrachten wollen.

Das Problem liegt vielleicht in dem tiefsitzenden deutschen Charakterzug begründet, alles zu seiner Zeit tun zu wollen und zu müssen. Dienst ist Dienst, und Schnaps ist Schnaps, sagt der Volksmund, und in diesem Zusammenhang steht der Alkohol für den Humor. Mit anderen Worten: Sie müssen einen Deutschen immer vorher warnen, wenn es komisch wird. Sie können das übrigens bei der Übersetzung von Titeln amerikanischer Filme verfolgen. Als Faustregel gilt: Wenn das Adjektiv »verrückt« oder »schrill« vorkommt, handelt es sich um eine Klamaukkomödie.

Der Deutsche verabscheut es, die Katze im Sack zu kaufen. Wenn Humor drin ist, soll auch Humor draufstehen. Schließlich weiß man sich zu benehmen, und will wissen, wann man lachen darf und wann nicht. Vorsicht ist daher auch stets bei Ironie geboten. Sie können sie höchstens dann einsetzen, wenn Sie ringsum verbal große Hinweistafeln anbringen: Achtung, Obacht, Vorsicht, gefährliche Ironie. Allein: In diesem Fall wäre es freilich um die Ironie geschehen.

Es gibt gerade für uns Russen einen einfachen und sehr effektvollen Weg, einen Deutschen herzhaft zum Lachen zu bringen: Erzählen Sie ihm Tschuktschenwitze. Nein, nein, es ist nicht so, daß man in Deutschland den kleinen und in unseren Augen geistig recht beschränkten Volksstamm an der Beringstraße kennte; in Deutschland heißen die Tschuktschen nur anders: mal Ostfriesen (kurz Ossis), mal Österreicher, mal Mantafahrer, mal Ostdeutsche (kurz ebenfalls Ossis), mal Blondinen. Es ist nur eine Frage der jeweiligen Witzewelle, welche Gruppe gerade als Trottel der Nation verspottet wird. Die Witze selbst ändern sich nie.

Sie können also nach Herzenslust und ohne falsches Schamgefühl im Fundus Ihrer bärtigsten Tschuktschenwitze kramen und diese zum besten geben. Sie müssen nur das Wort Tschuktsche durch Ossi oder Blondine ersetzen, je nachdem, was gerade *de rigueur* ist. Der Erfolg ist Ihnen in jedem Fall sicher. Entweder war dem Zuhörer die Anekdote schon als Ostfriesenwitz geläufig – dann steigen Sie als intimer Kenner der deutschen Humorszene gewaltig in seiner Achtung. Oder Sie erzählen einen für deutsche Ohren völlig neuen Schwank im neuen Gewande – dann hält man Sie für einen humorvollen, witzigen Menschen, der das Ohr gleichermaßen am Mund des Volkes und am Puls der Zeit hat.

So richtig schön lachen kann der Deutsche aber auch, wenn es um seine oder anderer Menschen Ausscheidungen geht. Es ist mir ja sehr peinlich, über dieses Thema zu sprechen, aber ich habe mir nun mal vorgenommen, Sie so umfassend und rückhaltlos wie möglich über dieses Land zu informieren, und da darf ich diesen unappetitlichen Bereich nicht ausklammern. Die Deutschen scheinen nämlich eine tiefe Faszination für Fäkalien zu hegen.

Zur besseren Einstimmung beginne ich mit einem Beispiel, das nicht allzu schockierend für russische Ohren klingen dürfte, da es bei uns eine Entsprechung gibt. Denn wir alle kennen die Antwort auf die scherzhaft gemeinte Frage, was denn das Leben sei: ein Kübel voller Scheiße – mit Henkeln aus Stacheldraht. Im Deutschen klingt die Antwort eigentlich viel niedlicher: Das Leben ist wie ein Kinderhemd – kurz und beschissen. Darüber hinaus gibt es eine modernere Variante, die sich im Gefolge des Siegeszuges sanitärer Einrichtungen verbreitet hat: Das Leben ist eine Brille – man macht viel durch. Man könnte die deutsche Definition von Humor vielleicht prägnant so fassen: Lustig ist, was stinkt.

An irgendeinem Punkt ihrer Entwicklung muß die deutsche Psyche eine Abzweigung genommen haben, die sie meilenweit vom Seelenleben anderer Völker entfernt und mittenmang in die Scheiße geführt hat. Es muß sehr früh geschehen sein, wenn man Günther Grass in diesem Fall als Zeitzeugen gelten lassen will. In seinem Roman *Der Butt* ergeht er sich in Lobeshymnen für das kollektive Gruppenscheißen in der Jungsteinzeit. »Nach dem Hordenschiß plauderten und tratschten wir fröhlich und kollektiv erleichtert, wobei wir unsere Endprodukte zeigten, anschaulich rückbezügliche Vergleiche anstellten oder jene Hartleibigen neckten, die noch immer vergeblich hockten.«

Selbst Deutschlands unbestritten größtem Dichter, dem Olympier Goethe, waren deutsches Wesen, deutsche Art vertraut. Generationen von Deutschen ist er überhaupt nur wegen einer einzigen Szene aus seinem frühen Drama *Götz von Berlichingen* bekannt geworden. Der tapfere Ritter Götz soll kapitulieren, doch seine Antwort lautet: »Sag deinem Hauptmann: Vor Ihre Kayserliche Majestät habe ich, wie immer, schuldigen Respekt. Er aber, sag's ihm, kann mich im Arsche lekken.« Auch recht schlichte, der Literatur ansonsten unkundige Geister, wissen mit dem Schlüsselbegriff »Götz-Zitat etwas anzufangen.

Kurzum: Witz und Fluch drehen sich in Deutschland so gut wie immer um primäre Körperausscheidungen, so gut wie nie um den Sexualakt. Damit stehen sie weltweit so gut wie alleine dar. Oder könnten Sie sich die russische Ausgabe einer »vergnüglichen Kulturgeschichte immerwährender Notdurft« unter dem Titel *Von Donnerbalken, Nachtvasen und Kunstfurzen vorstellen*?

Diese Faszination für Exkremente treibt die eigenartigsten Blüten: In München gibt es ein eigenes Nachttopfmuseum, eine erfolgreiche Fernsehwerbung stellt singende Kloschüsseln in den Mittelpunkt, und in Berlin gab es ein Lokal, in dem die Gäste auf Toiletten sitzen (zum Essen, nicht dort, wo es sich eigentlich gehört) und ihre Servietten von Klopapierrollen abwickeln. Die Speisekarte offeriert Leckereien wie »Rostbratwürstchen mit kaltem Kraut im Nachttopf.« Da kann nur demjenigen das Wasser im Munde zusammenlaufen, der Lach-, Kau- und Schließmuskel miteinander verwechselt.

Selbst der *Stern*, damals noch ein seriöses Magazin, widmete 1979 eine vierteilige (!) Serie der Geschichte des Klos. »Man kann sich nur schwer vorstellen«, schrieb der amerikanische Wissenschaftler Alan Dundes in einer bahnbrechenden Arbeit über das »Hintergründige in der deutschen Psyche«, »daß *Life* oder *Time* einen illustrierten Essay von vierzig Seiten über die Geschichte der Toilette bringen, mit ausführlicher Erörterung des Toilettenpapiers und Bildern antiker Nachttöpfe.« Was für die beiden genannten amerikanischen Zeitschriften gilt, das trifft sogar auf unsere neue russische Presse zu, die ansonsten ihre neue Freiheit weidlich nutzt und kein Tabu unangetastet läßt.

Einmal im Jahr indes wird der Frohsinn jenseits aller Fäkalien in Deutschland generalstabsmäßig geplant und durchorganisiert. Das Unternehmen läuft unter dem Kennwort Karneval und ist im Rheinland zu seiner üppigsten Blüte gediehen. Den Begriff generalstabsmäßig habe ich mit Bedacht gewählt. Denn die Narren oder Jecken, wie sie sich in Köln, Düsseldorf oder Mainz selbst nennen, marschieren viel zu zackiger Musik, sie stecken junge Mädchen in Uniformen, auch salutiert wird nach Kräften, und verleihen einander Orden. Sollte Sie diese kurze Beschreibung – mit Ausnahme der jungen Mädchen – an die späte Breschnewzeit erinnern, so liegen Sie nicht ganz falsch. Doch diese Ära bei uns war höchstens unfreiwillig komisch.

Wenn Sie als Diplomat oder Korrespondent nach Deutschland geschickt werden und den rheinischen Karneval noch erleben wollen, dann müssen Sie sich allerdings beeilen: Bald soll die Bundeshauptstadt von Bonn nach Berlin umziehen, und an der Spree hält man sich zwar viel auf seinen trockenen Witz zugute (ob zu Recht oder nicht, soll an dieser Stelle lieber unerörtert bleiben), der klassische Karneval aber hat dort nie recht Fuß fassen können.

Diese Vorbehalte gehen wahrscheinlich auf keinen Geringeren als den preußischen König Friedrich Wilhelm III. zurück. Der vermutete im Karnevalstreiben seiner neuen rheinischen Untertanen – nicht ganz zu Unrecht – revolutionäre Umtriebe. Eine »anormalische und in Deutschland nicht übliche Volkslustbarkeit« nannte Seine Majestät den Karneval. In der Tat nutzten die Kölner in den zwanziger und dreißiger Jahren des vergangenen Jahrhunderts ihre Narrenfreiheit weidlich, um die harten preußischen Zensurbestimmungen zu umgehen und soziale und politische Mißstände anzupangern.

In jener Zeit wurde der Karneval erstmals wiederbelebt, der ursprünglich auf den Grafen Adolph von Kleve zurückgehen soll. Der begründete am 11. November 1391 den Narrenorden von Kleve, besiegelte die entsprechende Urkunde an elfter Stelle und schrieb fest, daß sich die Mitglieder alljährlich zu einem elftägigen feuchtfröhlichen Mummenschanz versammeln sollten. Seitdem gilt der 11. 11. als offizieller Beginn der Karnevalssaison, die allerdings erst nach der Jahreswende, vor Beginn der Fastenzeit ihrem deliriösen Höhepunkt zustrebt.

Erwarten Sie aber lieber nicht zu viel, auch wenn ich Ihnen nun noch sage, daß die Zahl elf im Mittelalter die Zahl der Maßlosigkeit war: Die Zehn stand für alles mit Händen Greifbare und natürlich für die Zehn Gebote, die Elf sprengte dieses Maß. Aber das Mittelalter ist lange vorbei, und seitdem haben die Rheinländer viel von ihrer animalischen Wildheit verloren. Viel Ausgelassenheit kann man allein schon deshalb nicht erwarten, weil die Jecken in Vereinen organisiert sind. Bundesweit sind es mehr als 3000 Narrenklubs, in denen ebenso bierernst und eisig scharf um Posten und Positionen geschachert wird wie in einer politischen Partei. Wir wissen, daß es unter diesem Umständen nicht viel zu lachen gibt.

Heute ist der Gipfel der Ausgelassenheit erreicht, wenn kostümierte Menschen durch die Straßen ziehen und die Passanten von kunstvoll geschmückten Wagen aus mit Bonbons bewerfen. Vielleicht verschlägt Sie es ja einmal in eine Prunksitzung. Dabei handelt es sich gewissermaßen um das Plenum des Zentralkomitees der jeweiligen Karnevalsgesellschaft. Vorne auf dem Podium sitzen die Mitglieder des Politbüros, hier Elferrat genannt. Immer wieder treten Redner auf, deren Vorträge an vorher genau abgestimmten Stellen von Beifall unterbrochen werden. Sie können überhaupt nichts falsch machen: Applaudieren Sie zusammen mit den anderen.

Den einen oder anderen Unterschied gibt es freilich zwischen einem ZK-Plenum und einer Prunksitzung. In jedem Fall müssen Sie auf letzterer lachen, auch wenn Ihnen nicht danach zumute ist. Beim Plenum war es umgekehrt: Da durften Sie nicht lachen, auch wenn ... Lassen wir das. Noch einen zweiten Unterschied gibt es: Wenn man Sie auf der Karnevalsveranstaltung von links und rechts unterhakt – keine Panik! Niemand will Sie abführen. Sie werden lediglich im Takt der Musik nach links und rechts gewiegt. Schunkeln nennt sich dieser Vorgang, und er ist dem Deutschen, was dem Tibeter das Mantra: ein Weg ins Nirwana.

Machen Sie einfach mit, und denken Sie bei allem, was Ihnen in Deutschland widerfährt, immer nur an eines: Humor ist, wenn man trotzdem lacht. Wenn das nicht hilft, dann gibt es noch einen zweiten klugen Spruch: Wer zuletzt lacht, lacht am besten.